Green Nature Human Nature

植物と人間の絆

チャールズ・A・ルイス 著
吉長成恭 監訳　進藤丈典　篠崎容子 訳

創森社

植物と人間の絆

監訳にあたって

自然や植物と人間との関係を考えるにあたり、いくつかの例をあげてみましょう。

まず、ゲーテの言葉です。

「自然研究の与えてくれる歓びにまさるものはない。自然の秘密の深さは測り知れない。しかし、われわれ人間には、次第に自然をうかがうことが、許され、恵まれている。そして自然は結局測り難いという点がわれわれにとって永遠の魅力をもつのだ。その魅力のため、われわれは繰り返し自然にひきつけられ、繰り返し新たな観察と発見を試みるのである。」エッカーマン『ゲーテとの対話』1831年７月17日から／高橋健二訳（岩波文庫）

次は、原爆投下直後から広島市復興に生涯を捧げた、浜井信三氏の手記の一節。浜井信三が、一基の小さな十字架をブックマン博士に贈ったときの言葉です。

「この倒木は樹齢400年に近いもので、日本の天然記念物に指定されていたが、惜しくも原爆の為に枯れた。思えばこの楠木だけが、広島市発祥と共に生を得て生き続けてきた唯一のものであった。原爆によって枯死したとはいえ、いまなお芳香を放っている。十字架はキリスト教の象徴であると同時に、結合の象徴でもある。広島市の記念としてお納め願いたい」1949年MRA（Moral Re-Armament＝道徳再武装）世界大会（アメリカの宣教師ブックマン博士の提唱）ジュネーブにて。浜井信三『よみがえった都市——復興への軌跡　原爆市長』より

３番目は、三陸の「奇跡の一本松」です。

「白砂青松の風景が広がる高田松原は、陸前高田市の象徴でした。しかし、約７万本と言われた松は、今回の津波によりただ１本が残るだけとなり、その『奇跡の一本松』も海水等による痛みが大きく、平成24年５月、枯死が確認されました。震災直後から市民の心の支えであった一本松は、

伐採前の「奇跡の一本松」

全世界で報道され、復興のシンボルとして親しまれてきました。市では、大震災による多くの犠牲者を追悼するため、そして大震災の脅威と教訓を後世に伝承するために、その一本松をモニュメントとして保存することにしました。保存にあたっては、一本松の現物をできるだけ現状に近い姿で、元の場所に自立させる方針です。これほどの高さの樹木を自立保存させた事業は他に例がなく、保存作業は日本の最先端の技術を世界に示すプロジェクトとなります。」岩手県陸前高田市　都市計画課

このように自然と人間の関係に触れた史実は、枚挙に暇（いとま）がありません。

いくら科学が進歩しても、人の心や魂の存在を可視化することはできません。しかし、その存在を確信することはできるのです。同じように植物の神秘性をどんな科学的手法で分析しても完結できません。結局のところ「美しい」としか表現できないのです。

原著者のチャールズ・A・ルイスは長年にわたり、「私たちの生活における植物の意味」について、社会学、生物学、医療・福祉、建築、教育、心理学など多面的な視点で、思慮深く考察しました。

1960年代にはニューヨーク州タキシードにある州立スターリング森林

公園の管理責任者となり、ニューヨーク市住宅開発公社からコミュニティ緑化コンテストの立ち上げを要請されました。そして、そのプロジェクトを成功に導き、こうした市民による緑化活動は全米に広まりました。彼の業績は、アメリカ園芸協会、アメリカ園芸療法協会、米国農務省、スワースモア大学、ニューヨーク市住宅公社、シカゴ市住宅公社から称えられ、市内各地でのコミュニティでの園芸活動の普及の成果を、1971年、ニューヨークタイムズに“あなたはアベニューDで花を育てることができますか”を寄稿しています。

1972年（48歳）からモートン樹木園（イリノイ州リール）で20年間勤めました。初めは造園課研究員として、後に植物収集部門の管理者として勤務します。業務のかたわら、理解ある仲間の支援に囲まれ、植物と人間の関係について、思慮深い研究を続けることができました。その成果は、心理学者、都市計画家、景観設計家などの多分野の専門家に、新しい視点での考え方に偉大な影響を与えることとなりました。1981年のワシントンポストのインタビューに応じて彼は、「植物が生長するとき、人はその美しい植物よりも、もっと美しい人として成長している」とのコメントを残しています。その成果を最愛の妻であり、編集者であるシェリー・ラビノとともに５年間を費やして、1996年、『グリーンネーチャー／ヒューマンネーチャー——私たちの生活における植物の意味——』という題名（本書の原著）で刊行しました。

原著は、米国や日本の人間植物関係学会の創設や園芸療法、園芸福祉活動の普及推進のバイブルのような存在として、心の支えになっている名著です。花や緑が好きな人、コミュニティ再生、地域の復興にたずさわる人々、園芸福祉士、園芸療法士、都市計画や景観設計の専門家、教師、芸術家、健康や医療、介護にかかわるなど、多くの人々と分かち合いたい緑の自然と人間の本質の実証的研究です。

私は３つの「間（あいだ）」のチカラを信じています。それは、人間力、空間力、時間力です。人間力は人間個人の力ではなくて、人と人との間の力。空間力は場所と場所の間の力。時間力は時と時の間、つまり過去、現在、未来の間（関係）から生じる希望の未来へのチカラです。

人間力、空間力、時間力の３つの間に、花や緑を当てはめて考えてみれば、そのチカラは一層強くなります。そして、私たちの生活における植物の意味をより深く理解できるのではないでしょうか。

果てしない競争と市場原理優先の現代社会。モノ・カネ一辺倒ではなく、五感をひらいて、自然や植物と人間との密接不可分の関係をもう一度見直し、心豊かな生き方を追求する時代となっています。

花や緑を好きになるのはもちろん、自然や植物を理解するのに遅すぎるということはありません。不断に復興や平和を築いていくためには、自然や植物は不可欠のものであり、人間との関係性、持続性、循環性をより確かなものにしていく必要があります。本書でその手がかり、ヒントをつかんでいただければ幸いです。

翻訳にあたって、植物と人間の絆を直感的に感じていただき、惜しみない応援をしてくださっている安倍昭恵様（東北復興や地域振興などを支援）から大きな勇気を得ました。翻訳実務には二人の園芸福祉士の進藤丈典、篠崎容子の両氏にお世話になりました。また、写真の提供などにご協力をいただいた広島市こども文化科学館、東京ディズニーランド、陸前高田市、気仙沼市、南三陸町、緑の伝言プロジェクト、人間植物関係学会、日本園芸療法学会、日本園芸福祉普及協会、感性プロジェクトコミッティ（KPC）の皆さまに深く感謝を申し上げます。十数年前からのこの邦訳出版計画に対し、花好きで忌憚のない意見で支えてくれた妻の邑彩（ゆい）にこころから感謝します。

被爆70周年祈念をまえに

広島国際大学教授・日本園芸福祉普及協会理事長　吉長成恭

植物と人間の絆———もくじ

Green Nature Observed

3章　目に映る緑の自然　47

Participation with Green Nature : Gardening

4章　緑の自然と庭仕事　79

Horticultural Therapy

5章　療法としての園芸　115

＊もくじ、および章扉、カバー背の樹木写真（広島市平和推進部の被爆樹木保存活動の支援を目的とした「緑の伝言プロジェクト」による）は広島の被爆樹です

はじめに　Preface

なぜ庭仕事が好きな人は神秘的な発芽やタネの生長に尽きない喜びを見出すのでしょうか？　あたかも魔法にとりつかれたように私たちは水をやり、雑草を抜き、土を掘り返し、そして喜びを心に思い描きます。

生活の中で嬉しいときも悲しいときも、そのときを心に残る機会にするために、花を生けることは、なぜ私たちの魂に響くのでしょうか？

いったい何が、毎年秋になると多くの人を燃えさかる紅葉した木々の葉に夢中にさせ、ウォーキングやハイキングに駆り立てるのでしょうか？　そして何が、パノラマのような景色を満喫する私たちを、それほど強く引きつけるのでしょうか？　ハイウェー建設に携わる技術者は、この衝動について、よく知っています。彼らは私たちが景色にみとれて車を止めてしまうのがわかっているので、運転する人の命を危険にさらさないように車を道路の脇へ寄せることができる眺望のためのパーキングエリアを作っています。

ヘモグロビンと葉緑素

人々と植物は私たち人類が始まるころにまで遡る糸によって絡まっています。その糸は生命という織物にしっかり編み込まれているので、何かにひっかけでもしない限り通常は目には見えません。これまでの我々の進化の発展のごく一部を顧みることで、一瞬の間、その歴史的経過をたどることができます。

人と植物の生命の絡まった糸は、その私たちの体内に生来埋め込まれているものや、外の世界のメッセージに思いを寄せることなく行動するその奥に、隠れた自己に潜んでいるように見えます。緑の自然の中でのあらゆる潜在意識による反応は、自然が私たちの生命の織物を編む糸であることや、何千年もの間、人間の存在を確たるものとするために、織られてきた私たちを守るマントのようなものであることを浮き彫りにしているのです。

このような古代に形成された心や本能で直接感じ取ることができる糸が、今日の知性で形作られた世界でも、しばしば引き出されます。それらが私たちの基本的な人間性についての洞察をもたらしているので、私たちは、それらを読み取ることを学ぶ必要があります。

私たちと緑の世界との絆は、しばしば微妙で意外なものです。ただ単にヘモグロビンや葉緑素が細胞組織の中で構造上はっきりした類似点を持つことや、植物が食物や花の喜びを提供することだけではありません。

庭仕事をする人がお隣の人と友情を築くとき、森を歩くことによって抑えられていた緊張が解放されるとき、鉢植えのベゴニアが老人の患者の元気を取り戻すときに、植物と私たちの絆や身体的そして精神的なやすらぎの大切さに気づき始めます。

私は幼いころ植物と仲良くなりました。好奇心旺盛な少年であった私は、祖母が乾燥させたヒャクニチソウを手の中でつぶし、そして入り混じったたくさんのかけらに優しく息を吹きかけているのを見たことがあります。祖母の手のひらの茶色の枝から花びらとかけらが飛び散りました。「来年育つタネだよ」と祖母は言いました。こんな小さなかけらから来年の夏に花を咲かせるなんて信じられませんでした。祖母はそのことを、どうやって知ったのでしょうか？　これは確かに昔の知恵でした。昔の田舎で私の祖母が学んできた秘密、そしてそれが今、私に受け継がれようとしていました。私は畏敬の念を抱かされ、この魔法を自分が現実にするチャンスに興奮していました。まもなく祖母の手ほどきを受けながら私の小さな庭が始まりました。

秘密の友達

私の家族はボルティモアの２階に３つの寝室がある家で暮らしていま

した。5人の子どもの眠る場所を作るために、私の両親は階下の屋根付き玄関を窓で囲いました。私が最年長の男の子であったために、そこは私の寝室となりました。8歳の子どもにとっては、家の離れたところへ追い払われたように感じて、私は毎晩、寝室に入ってきそうな恐ろしい侵入者を想像して脅えていました。東の空が明るくなり始めたときにだけ、ようやく落ち着いて深い眠りについていました。

毎朝、家族と一緒になるために2階に上る前に、私の植物に会って、新しい葉は出ていないか、夜中に出てきた蕾はないかと、スリッパをつっかけローブを羽織って裏庭に歩いていきました。それらは“チャーリの子どもたち”という秘密の友達でした。そして植物たちにとって、全てがうまくいっていることを願いました。この初期の植物とのコミュニケーションは、夜に出てくる恐怖を追いやり、毎日の始まりに私の気持ちを新しくしてくれて、とても心やすらぐものでした。何年も経て初めて、このとき感じた印象が私の植物についての考察に、いかに強く結びついていたのかを理解しました。

この植物を毎朝見るという特別な習慣が、病院、高齢者施設、麻薬中毒患者リハビリ施設、そして刑務所等の広い範囲で、人々と植物の相互作用の恩恵を私に気づかせてくれました。このような恩恵は、公園をしばしば訪れて都会のストレスからの息抜きを求める行動、あるいは週末に田舎の別荘に逃避する都会で暮らす人の行動で証明されています。緑の自然と接することは幸せな暮らしの本質的な欲求であり、そのことによって心穏やかで安定した平和な生活を手に入れることができます。

なぜ、このことが本当なのでしょうか？

細胞の中の記憶

1960年代以来、私はこの疑問への答えを見つけようと試み続けてきました。本書は私が学んだことを著しています。私たちは、庭仕事をするのと同じように、野原や森をさすらい、都会の公園を散歩し、あるいは木の下で休み、自分自身のうちに開かれている思いがけないドアの前に来ているかもしれません。レクリエーションとして始まるものは、人間の存在そのものに関する問題の奥深い探究につながる可能性があります。

自然と関わる私たちの愛については深い理由があります。私たちは緑の環境が存在する中で進化してきた、神が創造した生き物です。私たちの細胞の中には、植物に助けられて１つの種として生き残ることができた記憶が生きています。

現代の科学技術による便利な世界にいると、植物は心と身体の健康の回復と静寂と調和の気持ちを呼び起こし、その遠い過去を再び心の中に呼び起こします。植木鉢の中だろうと、庭だろうと、野原だろうと、あるいは森だろうと、そこに生きている植物は私たちに古代とのつながりを思い起こさせます。

チャールズ・A・ルイス

1 章

Green Nature

緑の自然

爆心地より 380m にある被爆樹クロガネモチ
（頼山陽史跡資料館、広島市中区）

花に水をやりながら
夏がしぼんでしまう前に　もう一度
庭の手入れをしよう
花に水をやろう　花はもう疲れている
花はまもなく枯れる　もしかしたら明日にも。
世界がまたしても狂気になり
大砲がとどろく前に　もう一度
いくつかの美しいものを見て楽しみ
それらに歌を捧げよう

　ヘルマン・ヘッセ　岡田朝雄訳

緑のマント

ホモサピエンスが地球上に初めて現れるはるか以前から、自然はそれまで生命が存在していなかったときと同様に、全ての生命に栄養を与えるように緑のマントで地球を覆っていました。その緑で覆われていた地球がずたずたになった今の姿は、私たちが受け継いできたものです。もはや自然がそのままで継続していくことはありません。私たち人間が自然を残しておくべきだと許しを与えた限られた場所でのみ存続しています。残りの部分も侵されて、文明が留まるところを知らない成長を続けるために、自然を消費していくにつれて、自然はあまりにも貴重なので“未開発”のままにしておくことができないと考えられてしまいます。

にもかかわらず、自然は明らかにそれぞれの場所の規則的な移り変わりや状況に適応しています。光、温度、湿度の適度な条件が整った場所なら、どこでも繁茂する植物の姿は、この地球上で抑えようのない、目に見える生命の力です。その例は、いくつかの条件の厳しい場所に見出すことができます。

メキシコのソノラ砂漠では、野草が、数週間のうちに、たまにしか降らない貴重な春の雨を捕らえて芽を出し、育ち、花を咲かせ、そしてタネをつけるという一生をまっとうしています。この一年生の植物は、手品師の手の中に突然現れる花束と同じように全盛を極め、そして瞬く間に姿を消していきます。その年の他の時期にこの砂漠を訪れる人は、このような幻想的な現象の痕跡すら見ることはできません。

イガゴヨウマツ（bristle-cone pines、マツ科で長寿命）は、地球上で最も古い生き物であり、カリフォルニアのホワイト山脈の海抜１万1000フィート（約3350m）のところで見られます。容赦ない風にタフィーキャンディー（表面がゴツゴツしていて小さな岩のようなかたい飴）のように発育を妨げられ、曲がりくねってゴツゴツした姿は、この木が数千年ものあいだ耐え忍んできたという、わずかな兆候しかありません。ツンドラの植物は小さく群生して地表面にへばりつき、極圏の厳しい気候を生き伸びています。高山の頂の植物は、その形を小さくして地を這っています。まるで、より温暖な緯度にある盆栽のレプリカのように、本当の樹齢を小さな姿で変装しているようです。

自然のマントは森や牧草地、都会の公園そして窓辺に見ることができます。虹のような七色の花や果物で私たちの世界に彩りを添え、心と身体に喜びと栄養を与えてくれます。それは、差し迫った危険を知らせる鉱夫のカナリヤのように環境のバロメーターにもなっています。森は、マイナスイオンの深いエメラルド色から、酸性雨で枯れて生気のない黄色になります。大気汚染物質によってシミがついたまだらの葉は茶色に変色して地面に散り、そして、実を結ばない荒涼とした幹だけの骸骨のような姿をさらしています。

しかし、落葉した木々の茶色い姿は、いつも死の警鐘であるとは限りません。それは時として植物が眠っていることを意味していて、春の胎動によって芽や樹皮が再生を始める前の一時的な休眠状態を表しています。緑は再生、希望の色、そして生きていることの証しの色です。世界に広がる人間の行動が、緑が広く行き渡るか否かを決めることになるでしょう。確かなことが1つあります。今生きている植物が姿を消していくということは、植物のみならず人類を含む植物に依存している全ての種の終わりを告げていることになるのです。

くまなく広がる緑の自然

人間が足を踏み入れていない原野では、生来の生物学的因子と環境因子の中で絶え間ない相互作用が連続的な生態系を創りだしています。自然は静かで動いていないように見えても、個々の自然は生物の利害の不一致に満ち満ちた、まるで競技場です。その場所に最も適応した植物は生き延び、その地域の本来の特性を反映した1つの群（むれ）を形成しています。森林、サバンナ、大草原、牧草地、沼地、低湿地あるいは砂漠――どこにでも見られる植生の多様性は、そこで繰り広げられている植物間の競争の状況を表しています。

インクが水に沁み込んで変化していくように、野生は人間の作った景観——農場、道路、鉄道、そして人間の生活や仕事の空間——に徐々に浸透していきます。土地を縦横無尽に走る輸送システムは、都会と農村の間の交通の利便性を拡張し続けています。

田舎から街に向かうときに、私たちは、大きな緑陰に囲まれた郊外を通り抜けていきます。ここでは、多くの場合、緑の自然は建物の基礎を隠す低木によって区切られた広大な芝生で表現されます。装飾的に敷地の境界や花壇に植えられた花や緑には、多様なデザインでそれぞれの家主の独特のはっきりしたセンスがうかがえます。

都心に近づくにつれ、区画は小さくなり、芝生や庭も小さくなってきます。自然の土は最後には垂直に立つビルに囲まれた道路や駐車場のアスファルトやコンクリートの層の下に葬り去られます。にもかかわらず、人が作った構造物の意図していない隙間でも、十分な光が差し込めば、自然は勝ち誇ったように姿を現します。元気いっぱいの雑草は、歩道や道路、歩道の縁石の割れ目から顔を出します。

人口密集地では植物は無視され、撲滅され、あるいは都会のオアシスで丹念に育てられているかもしれません。緑の自然はコンクリート、鉄、ガラスそしてアスファルトに命を吹き込んでいます。都会の公園は聖域となっています。道路や広場に沿って樹木や低木が置き換えられ、生長が続いている印象を与えます。これまで育った土壌から根を切り離されて、都会の土に移し替えられても、植物は屈することなく代替地に新しい根を下ろします。植物はビルの壁を這い上がり、窓やベランダを花づなで飾り、屋上を緑の前線基地に変えてしまいます。その様子は建物の外に旗を翻しているようです。屋内では、廊下に沿って、エレベーターで、窓辺や机の上に置かれた植木鉢で、そのメッセージを発信しています。広大な自然の景色の様子は特別に建設されたオフィスの小部屋やホテル、レストラン、商店、ショッピングモールや病院などで小さいながらも見ることができます。そのような場所では植生が青々として豊かな生育環境が整えられています。

このような例では、人気のない荒野の生息地から都会の環境に置かれて完全に人間によって育てられて、他からつれてこられたものとして心もとない状況ですが、これも緑の自然の領域です。しかし、壮大な自然かミニチュア的な場所かにかかわらず、常にそこで生育する植物は世界中の至るところで鼓動している生命のエネルギーの存在を絶え間なく知らしめています。

自然の中での人間の体験

人は緑の自然に親しんだ子どものころの思い出を、大人になっても決して忘れられません。幸運の印の四つ葉のクローバを探さなかった人はいないでしょう。草の鞘から葉を引き抜いて甘さや柔らかい茎の感触を味わったでしょう。口のまわりにキンポウゲが反射したように輝いていると、いかにもバター好きの子に思えるし、今でも「愛している、愛してない」をヒナギクの花占いで決めています。毛皮のように柔らかい緑のスロープを上り、天と地が一緒になってぐるぐるまわりながら無我夢中で転がりおりるときに、どのような感じだったでしょうか？　風下に向かって息を吹きかけて、タンポポの白い綿毛の落下傘部隊をつくったり、芯のない茎を裂いてぐるぐる巻きのバネにするときどう感じたでしょうか？　両手の親指の間に伸ばした草笛で音を出そうとするときはどうでしたか？　それらを思い出してください。子どもたちは雑草だらけの空き地が、野獣や冒険に満ちた秘密のジャングルの隠れ家になることを知っています。子どもたちはまた、自分がよじ登っても折れない都合のいい枝がどれかを知っています。いつも冬には、切ったばかりのクリスマスツリーが神秘的な香りとともにきらめく星の光を家の中に運んできます。

緑の自然は、進行中の「進化」というドラマの無言の共演者でした。

人類が誕生したときには、すでに、広範囲に多様性を持つ植物が生育していました。そして、私たちが植物とともに歩いた進化という旅の間中、植物と人間はお互いに影響しあってきました。

初めは、狩猟採集民の限られた人たちが地球の植生に小さな影響を与えました。しかしながら、人間が農村に定住していくに従って、人間は自分たちの人口増加に必要な食料を供給するために荒野を開墾し、管理し、支配していきました。緑の自然は人口爆発による容赦ないプレッシャーに屈し、その結果撃退されて、破壊されました。そして、地球の緑の自然が占める総面積と本来の多様性は減らされています。

それにもかかわらず、1つの種として新たに誕生して以来、人類は植物に対して、とても強い好奇心を抱いてきました。植物を観察したり、触って調べたり、そして重さや色、匂い、葉の形、配列で分類してきました。植物はふやかされて果汁が絞られます。皮を剝かれ、茹でられ、網焼きにされ、食べられ、植えられ、別の場所へ移植されます。植物の成分は食品のような生活必需品や香水のような贅沢品を作るために使われます。花や葉は集められ、圧力を加えられて押し花にされ、乾燥されドライフラワーにされ、霧を噴かれ花瓶の中にアレンジされ、そして額の中に糊付けされています。植物は歴史的あるいは近代的な楽器の原材料にもなっています。さらに、植物は精神状態に変化をもたらす成分を生み出します。植物の繊維は織られ、編まれ、衣類用に染められて布になり、ランチョンマット、ドアマットそして帽子になります。植物はこの本の紙の材料にもなっています。

植物が人間の文化と交わっている数え切れない例が文学、芸術、音楽、医学、料理の図書の中に見られます。さらに重要なのは、2つの生命体は、ほとんどの人がうすうす感じているよりはもっと密接な関係で結ばれているということです。科学者は緑色植物の葉緑素分子が、哺乳類の血液の主要な成分であるヘモグロビンに興味深い類似性を持っていることを発見しました。葉緑素もヘモグロビンも1つの原子を取り囲む炭素と窒素のリングでできています。相違点は中央にある核の原子にありま

木漏れ日（輪になった金環日食の太陽）

す。ヘモグロビンの核は鉄であり、葉緑素の核はマグネシウムです。これら２つの重要な生命体の構成成分の類似性は、生命が地球に誕生したときの一滴の、いわば原始のスープの中で、どこか共通の起源があることを示唆しています。

緑の植物は地球の肺です。酸素を吸入し、二酸化炭素を吐き出す人間や他の動物の存在が可能なように、植物は酸素を創り出して二酸化炭素を消費しています。この他に、エネルギーを変換して蓄える植物の能力が、この地球の生命が生き続けることができる基本になっています。毎日太陽は石炭の6840億トン分に等しいエネルギーを地球に降り注いでいます。この潤沢なエネルギーは、宇宙空間の暗闇へ反射され急速に失われています。しかしながら、葉緑素で生産活動を行っている植物に降り注いだ太陽光線は、光合成によって植物に取り込まれ、より安定した形に変わります。このようにして太陽エネルギーは最終的に解き放たれる前に植物によって地球上に一時的に蓄えられます。

緑の植物に注がれた太陽光のわずか２％が吸収され、光合成に利用できる波長はその半分しかありません。信じがたいことですが、全ての太陽光のわずか１％によって、地球の生物圏のあらゆる生命が支えられています。

このエネルギーが、あらゆる食物連鎖の中を流れています。太陽エネルギーを利用する光合成は、大気から二酸化炭素を取り除き、炭素を抽出します。葉や茎や根やタネを作るのに必要な炭水化物、タンパク質、脂肪に再結合します。これらは、他の動物の餌になります。植物を食べる草食動物は、植物が吸収した最初の太陽エネルギーの幾分かを手に入れます。私たちは植物と植物を食べる動物の両方を食べる雑食動物であるにもかかわらず、人類は食物連鎖のもっと上にいます。いいかえれば、植物が最初に捕らえた太陽エネルギーは、私たちの血管を流れ、私たちの身体を動かし、摂氏37度の安定した体温を保つための新陳代謝物質を燃焼しています。

数百万年前、植物は炭素を取り込んだまま非常に高温で、高圧な地下に埋もれ、石炭や天然ガス、石油に変化しました。今日、私たちは家を暖め、機械を動かすために、これらの燃料を燃やしています。いずれの場合にも、植物によって閉じ込められた熱は、私たち人間の目的のために使われた後、最終的には地球の大気へ解き放たれます。

残念ながら、これらの燃料を燃やすことによって、とてつもない量の二酸化炭素を排出しています。それは今やこの地球を包み、大気圏外への熱の放出を妨げていて、災害を引き起こしうる「温室効果」の元凶となっています。この問題を解決するために科学者は、植物組織の中にこのガスを取り込む光合成に着目しています。私たちは世界中で、植林計画によって森林破壊の防止や森林再生運動を促進し、地球上の樹木の数をできうる限り増やす努力をしていかなくてはなりません。いつものように落とし穴があります。地球の表面は冷却されてきており、火山活動は最小化しているため、今後は、現在の大気中から二酸化炭素を取り込み蓄えている木々は化石燃料になるように葬り去られることはないでしょう。もっと正確に言えば、木々が倒れ、朽ちるとき、それまで蓄えてきた太陽エネルギーを、大気中から取り込んだ二酸化炭素とともに再び大気へ解放することになります。これらの植物が今まで防いできたと言われる地球温暖化問題を生じさせないように、これからも植林を続けていかなければなりません。植林を続けることによってのみ、葉緑素によって大気中から除去される二酸化炭素と枯れた植物の腐敗によって放出されるエネルギーのバランスを確実にとることができるでしょう。

物質的に哺乳類の生命を支えているという植物の寄与は十分理解されてはいますが、まだよくわかっていない面もあります。多様な形態の植物は、私たちの心や精神的な暮らしに、どのような影響を与えているのでしょうか？　人間の魂にとって緑の自然の捕らえがたい意味とは何でしょうか？

外の世界を内の世界に――心のファイル

私の第一の関心は、緑の自然が、どのように人々に影響を及ぼしているのかを調査することです。ここでは植物と人間の関係を――とりわけ心理学のレベルで――調べることにします。植物は我々とともに三次元の自然環境の一部として存在しています。しかしながら、植物が精神的に人々に影響を与えることができるようになるより以前に、人々の内面の精神的な世界の中に組み入れられていなければなりません。

これはどのように組み入れられるのでしょうか？　私たちは植物や景色を含む物理的なものを大きさや形、色、そして重さのような特徴によって定義しています。これらの質を評価しているときに、私たちは物質に接した経験や、それらに出会ったときに抱いた感情をも同時に精神的な記録として心の中にファイルしています。したがって、このような経験は無意識にその物体と結びつくようになります。後である物体を見たとき、物体のイメージは、その物体をどのように理解しているかを決めるために、それまで蓄えられた思い出や感情を引き出そうと、私たちの記憶野を刺激します。

長い間、詩人はこのような自然に対する人々の反応について詠ってき

虹がかかる

ました。例えば、ワーズワースは「私の心は躍ります、私が空に虹を見つけたときに[(1)]」と書いています。虹の物理的な現象――七色の弧――を見ることによって、虹を頭の中で理解するより前に、「私の心は躍る」という反応が起こったのです。

知る前に感じる一瞬があります。それが知ること（認識するというよりむしろ直観的に知覚する）とは別の異なる方法を経験するときです。虹は空にあるものですが、舞い上がる心は詩人の中にあります。目に見えるイメージは内在化し、個人の経験として復活します。明らかに、虹は単なる物理的な光の色のスペクトラムですが、それが意味するものはそれ以上のものです。ワーズワースにとっては、感性は空中の水滴で屈折して見えた虹の七色よりも大切なのです。

アメリカの景観設計の父であるフレデリック・ロー・オルムステッドは、景観によって呼び起こされる私たちの感覚をよく理解していました。公園の主な目的は「人体への効果……音楽のような……そして、それはあれこれ思いめぐらすその後ろにある、言葉では十分表現できないもの」です[(2)]。彼は公園を設計するとき、そのような感覚を引き起こすように努力しました。

内なるものと外なるものの間を埋めるのは私たちの感覚です。私たちの感覚は三次元の世界から複雑な心の回廊にメッセージを運びます。そして、私たちが見たもの全てはその感覚と意識の母体となる回廊を通過しなければなりません。私たちは、皮膚の内側にある私たちとその外側にあるあらゆるものとの相違について調べる必要があります。内側は、骨であり、筋肉であり、臓器であり、そして身体の中を脈打っている複雑な液体です。外側は私たち以外の残りの世界――他人であり、物体であり、建物であり、そして景観です。その限界を超えた「何か」を直接感じることだけが、私たちを肉体から解放できます。緑の自然は物質の限界を超えた「何か」の重要な一部分です。

物理的な物体と、私たちの脳へ心的に転換されたものとの違いを明確にするために、私たちの目とカメラを比べて説明することができます。目とカメラの両者とも、光がレンズに入り逆転した像が投写されます。カメラでは、逆転した像はフィルムに記録され、そしてレンズを通してきた像が逆転してネガフィルムに焼きつけられます。

別のカメラで、同じ物体を写し、同じ位置と光源、そして同じフィルムを使い、同じように現像すると、事実上同じ写真が撮れます。しかし、人の目はカメラとは違います。同じ条件で、同じ物体を二人の人が見ても、同じ反応が起こることはめったにありません。人がものを見るということは、過去に起こったあらゆるものと親密に結びついていて、とても個人的なものです。見るということは、私たちの精神（我々が知っている全てをためておく貯水池）と結びついているのです。

私たちの目は、神経中枢の最先端であり、外側と内側の生物的な境界である網膜に逆さの像が残ります[(3)]。網膜は逆転した視覚画像を生体の神経が情報を伝達する電気信号と、神経伝達物質に変換します。見てきたものを語るメッセージは脳へ情報を伝えるために神経回路を駆け巡ります。そして、三次元の物体は喜び、恐れ、または好奇心などの感情や情緒を刺激するものとなります。

緑の自然に関する１つの視点

目は、ものを見るために光を集める機器のようなものです。その光を感じる視覚は脳と神経系の働きです。禅を修得した人は、「月を指して」その向こうを見なければならないと、そして月そのものから私たちの気をそらすようにと説きます。このように、私たちは植物を物質としてよりも、それ以上のものとして見ることを学ばなければなりません。植物は普遍的な生命力としての側面を持っているのです。

私たちが木々や他の植物を物体として見る限り、目に見える光景は偏っています。しかし、私たちが植物を個々の形を超えて見ようとするとき、またその中の１つの糸である壮大な模様の構成要素と植物が絡み合っていることを理解したとき、私たちは複雑な生命のタペストリーの一部であることを理解することができます。

しばしば庭仕事をしていると、このような考えが広がることがあります。園芸の長い過程のある時点で、私たちが植物を育てているのではないことに気がつき始めます。植物は植物自身の遺伝的なリズムに応じて自然に生長していきます。私たちは、植物の持っている可能性を最大限に引き出すために、養分、水、光を調整したりして世話することによって植物の生育に参加しているだけです。庭仕事は、常に私たちが意のままにできるわけではないと教えられますし、そのことを素直に受け入れられることができます。同様に、それは人間の成長にも当てはまるのが真実ではないのでしょうか？　植物も人類も、あらゆる生物が関わっている生命の一部であり、その中では私たちは単なる１つの撚(よ)り糸にすぎません。

緑の自然というレンズを通してみると、私たち人間の自然環境での役割に気づかされます。そして、緑の自然に抱かれる私たちの感覚は植物と私たち人間の絆を理解する手立てとなりえるのです。

自然と文化

西欧の文化は、最優先の目的を持っています。それは、自然の力から私たちを解き放ち、独自の世界を築き、私たち自らの力で自身の未来を創造できるようにすることのように思われます[4]。その代表的な例は、都会の複雑な構造、それを機能させる無数の装置、映像や音を私たちにもたらす多数の電気ケーブル、山を切り開き、川の流れを変え、月の上を歩き、原子力を利用することを可能にした科学技術です。これは私たちの文明が生み出した科学技術の産物です。つぎつぎの新しい発明は、私たちを予測不可能な自然の無力な召使ではないと思わせます。バーバラ・ウォードとレネ・デュボスは私たちが住む２つの世界を、「私たちが受け継いできた生命の球と、私たちが創り出した技術の球」と定義しました[5]。

歴史の中では警告の言葉が私たちの傲慢さを静めるために話され書かれてきました。人々が自然の景観と関わりを持ち続けてきた間は、作家や語り部たちは私たちに、「宇宙は広大で何が知られていて何が知りうるのかを把握しようとすることはできない[6]」と指摘してきました。緑の自然とそれが示す全ては私たちの敵でもなく、また、私たちが意のままにできる召使でもないということを警告しているのです。

「ウォールデン湖」のソローと「野生の歌が聞こえる」のアルド・レオポルドは私たちの自然とその土地とのつながりについて雄弁に語っています。造園設計家のイアン・マクハーグは、「自然とデザイン」の中で、自然の制約に敬意を払う設計概念を提案しました[7]。マクハーグはローレン・アイズリーの言葉を比喩的に次のように語っています。「宇宙にいる人は、遠いところにある地球、神聖な球、回転している惑星を見ることができます。陸の草木の緑、海の藻の緑、神聖な青い果物から地球が緑豊かな惑星であることがわかります。地球にもっと近づいて見ると、黒や茶色、灰色の斑点があり、これらから緑の表皮に魔の手が広がっていることがわかります。これらの斑点は都会と人間が作ってきたことがわかります。そして尋ねます。『人は地球の病原菌にすぎないのでしょうか？』」

私たちは、肉体的、精神的な幸せを支える止まり木の上に腰をかけています。そして、よく考えもせず慣れた手つきで、その止まり木をのこぎりで切断しようとしているのです。

2 章

Green Nature and Human Evolution

緑の自然と人間の進化

被爆樹イチョウ（報専坊の境内、広島市）

「私たちの景観に対する美的な感覚は、狩猟民であったころに、どこへ移動すべきか、どこに落ち着くべきか、種々の場所で取るべき行動は何かなどを決めるためのより良い判断をするために、進化した精神の一部から導き出されてきたものでしょう。つまり、花、夕日、雲、雷あるいは蛇そしてライオンのような私たちを刺激するものが古代人の反応を活性化していた[1]」ということを私たちはどのように考えるべきでしょうか。

遺伝子に組み込まれた自然の意味

私たちは自分自身を知っていると思っています。私たち人間は状況を分析し、問題を通して悩み、そしてそれを解決できます。そして、普段の生活の中で、私たちの内部にいる別の自分が突然現れてくるような思いがけない何かが起こるかもしれません。この「隠された自分」は意識的思考では制御できません。瞬時に直感的な感覚によって行動します。

一般的に、それらは私たちの知性を働かせていないので、私たちはこれらの反射的な行動に注意を払っていません。しかし、「隠された自分」を無視することは、私たちにとって大きな損なのです。私たちは地球上の他の生命との結びつきと、地球の生態系全体の中でのトータルデザインへの私たちの役割に気づく機会を失っています。「隠れた自分」は刺激に反応し、傷を癒し、体内システムを調整・維持しながら命を守り、氷山の一角のように、私たちの意識の一端に浮かんでいます。これらの自動的な反応が失われているか、うまく働かない人たちは、多くの場合、困難でつまらない生活に苦しんでいます。

「隠れた自分」は多くの方法で、その存在を示唆しています。例えば、予期せぬ音でびっくりさせられたとき、ガラスが落ちて粉々になったときや、車のクラクションの音などで、アドレナリンが分泌され、心臓はドキドキと瞬間的に無意識に拍動します。講義では、私たちは話し手に集中していますが、演壇の片隅に他の人の姿が現れたら、私たちの目は無意識的にその新登場人物のほうに向いてしまいます。多くの人は、クモやヘビなどの生き物に出くわしたとき、瞬時に嫌悪の感情を起こします。時には、髪の毛が逆立ったり、鳥肌が立つことさえあります。

「隠れた自分」は、景観や人あるいは音などの好き嫌いの瞬間的な感覚とともに、見たり感じたりしたことに反応します。

このような直感は意識して命令された思考の結果ではなく、私たちの中に張り巡らされた個々の人に独自な生まれつきの生理的、心理的な設計図に基づいています。これらの反応は、しばしば現代のような状況においては実用的な意味をなしません。それらは現代世界には存在しなかった人類という種としての私たちの起源の名残です。

私たち現代人の知的な面は原始時代にプログラム化された肉体の中に宿っています。現代人の刺激反応は進化の初期の信号を反映しており、今日においては、しばしば不適切であったり、時には有害であったりします。例えば、「戦うか、逃げるか」という選択を迫られたときと同様、私たちが驚いたり怒ったりするときにアドレナリンが血流に分泌され、高血圧や脳卒中を生じたり、心臓血管系に影響を与えます。

私たちは肉体的なものと「隠れた自分」を調和させ、また、これら自然に起こる反射的な行動は、はるか昔に由来する反応であると理解しようとすることによって、現代の不必要なストレスを和らげることもできます。敵の多い過酷な環境の中で、最初のホモサピエンスが生き延びるために、それらがどのように役に立ったのでしょうか？　あるレベルで見れば、反射的な行動は身体感覚の産物でした。それは何十億年もの間の進化を通して蓄積され、私たちの遺伝子に組み込まれたものです。

私たちの身体は、意識的な指示がなくても働き、体内部の恒常性を維持する多くの機能を常に働かせています。痛みやのどの渇きや空腹は、身体的に重大で必要なものを警告している信号です。身体感覚は何が必要かを感じ、すぐに反応します。例えば、私たちが指を切ったとき、私たちの身体は、流血を止めるかさぶたを創り、切られた皮膚をつなぐことの順番を知っていて、自分が考えて命令しているのではありません。私たちが傷を負ったとき、私たちの血圧は余分な血液の流出を減らすために自動的に下がります。抗体が傷口に急いで集まり、凝固因子が出血を止め、傷口を保護する膜が形成され、新しい皮膚細胞の成長が促進されます。もし私たちがそれぞれのステップをいちいち考えなければならないとしたら、治るよりは先に出血で死に至るでしょう。

日々の生活における「隠れた自分」の果たしている本質的な役割を認識すると、いったいどこでこの古代の自分が働いているのか不思議に思われます。何人かの心理学者たちは、自然に対する感情的な反応は、肉体が持っている知識に匹敵する心の感性であると信じています。彼らは、私たちが建物や町並み、車の行きかう都会環境を見るよりは、緑の自然を眺めるほうがストレスは少ないことを見出しています。森の中の散歩は心をすっきりさせ、庭園は心やすらぐ場所であると長いあいだ認められてきました。このように人間の自然に対する積極的で肯定的な反応は社会的、経済的、人種的な境界を越えて常に生じています。

私たちを引きつけるものの中には、秋の色（寒い冬が来たから食料を貯蔵して、もっと居心地のいい場所へ移動しなければ）や、あるいは春の輝きや香り立つ花（新鮮な食べ物や水が間もなく豊かになるだろう、暖かな日はもっとたくさん遊べるだろう）にこだわる祖先の思いがこだましているのです。これらの理屈抜きの反応は、私たちの先祖が代々生きのびてきた中で確かに役に立っていました。そして、おそらく肉体が持っている知識のように、私たちが進化するにつれて遺伝子の中に組み込まれていったのでしょう。

進化——人々と植物

一人の人間の命は誕生したときに始まります。では、１つの種の存続は、いつ始まるのでしょうか？　人間は、惑星的な進化の大きな尺度の中ではほんの一瞬の存在です。生物学者のリチャード・H・ワーグナーは、私たちを適切な観点で捉えています。「もし、地球上の生命の進化を30分間の映画として考えれば、新しい種が進化しながら地球を多様な生命体で満たし、次から次へと新しい進化が押し寄せてくるのがわかります。——時として絶滅し、時たまそのとき最も適した数少ない種が後に残されていきます。この映画の中で、地球上のヒトの存在は最後3.5秒だけのほんの一瞬であることに気づけば、謙虚な気持ちになります(2)」

しかしながら、哺乳類が現れる前には、原始的な植物が原始の海の中で繁茂していました。25億年の進化の過程で、植物は水中から陸へ上がるために移動しました。原始の地球の大気は二酸化炭素に富んでいました。そして、必須栄養素――二酸化炭素と塩類の溶液――を摂ることができて発達した定置型（しばらく１つの場所に根づく）生命体には理想的でした。定置型の植物は根づいた場所から上や外へ向かって伸びていくか、または、風にのってタネか胞子を投げることにより、生長を通してそれらの領地を広げていきます。しかし、生きるための食べ物を必要とし、その食べ物を手に入れるために移動しなければならなかった他の生命体は何千年もかかって進化してきました。これらの動物は敏感な動きをするための骨格と筋肉を発達させ、餌を探すために優れた感覚器官を分化発達させました。周囲の環境から食べ物を探す機動性と差別化された感覚の遺伝子を強化するために、骨格と筋肉を発達させました。これらの遺伝子にもとを発する素早い動きは、それにふさわしい筋肉の反応を活性化するために刺激情報が複雑な神経系を通して、刺激が調和よく組み合わされて神経伝達されていきました。

直感的な反応に加えて、現代人の先祖は大きな脳を発達させました。それによって、人間は状況を分析し、判断し、先を見通す能力を持つようになりました。このような推察能力は、生き残るために重要でした。ですから、命を育み、また脅かすこともできる環境の中では、自分が置かれている状況が好ましいかどうかを見分ける能力を学ぶことは大切なことでした。参考となる情報が少なかったので、人間は生き残れるか、または危険かを教えるわずかな環境の手がかりを探さざるを得なかったのです。緑の環境は、人間の生命を育てていくのに適していて、生存していく必要な情報を提供してくれるため、まさに、人間の図書館の役割を果たしていました。景観を読み解くことに成功したことは、種を存続している生き物の１つとしてのパスポートとなりました。

哺乳類と鳥類は、依然として彼らの長い進化の旅の間に発達した本能的な巣作りと求愛行動を見せています。なぜ人間には同様な名残が存在していないのでしょうか？　最近、多様な分野にまたがる科学者のグループが、私たちに共通な「緑の糸」をときほぐす研究をしてきました。

この糸を手繰れば、私たちの自然との結びつきに気づくことができ、そしてその結びつきが、私たち人間にとって、なくてはならない部分であることが理解できます。

景観選好

どのようにして私たちは遠い昔のことを調べればいいのでしょうか？

考古学者や人類学者、そして歴史学者が調べた石や骨は、私たちがどのような姿をしていたのか、何を建てたのか、創り出した社会はどんなものだったのか、そして歴史を通して動いた出来事を語っています。しかし、私たちの非身体的な自分は、どのような役割を果たしたのでしょうか――私たちは古代の環境と「発掘品によっては明らかにされていない」ものの中で、どのように考え、感じ、反応したのでしょうか――目下、地理学者や環境心理学者の小さなグループが研究を進めています。彼らは同時代の社会的、経済的、文化的そして人種的な違いにかかわらず、共通する反応のパターンを探しています。定義するとすれば、これらの共通性は同時代の文化的条件づけと言うよりは、ある種の人間の精神の原始的な根源に帰することができます。人間の特定の景観に対する選好は１つの具体例です。

景観選好（人が好む風景）を調べる１つの方法は、人々に全くの都会から手つかずの野生の環境まで、注意深くその内容を厳選したスライドを見せることです。スライドがスクリーンを素早く通り過ぎていくに従って、参加者には１から５段階で各場面の魅力を評価してもらいます。研究者は植物が単にあるだけで１つのスライドの魅力が増す一方、都会の樹木や低木、または草が不足している場面は一様に低い評価を受けることをすぐに発見しました。(3) 人間は巨大で技術的な景観を創造してきましたが、多くの比較文化の研究は、私たちは本能的に自分たちの周囲に自然の姿を切望していることを示しています。

植物が存在することは好ましい特性ではありますが、植生の中での植

ユトレヒト大学植物園（オランダ）

物の配置もまた人々が景観を評価する際に強く影響を及ぼします。植物や岩、そして水の流れる方向のような空間的な配置は景観の魅力を作ることの重要な因子です。私たちは単一なものより多様性を好みます。トウモロコシ畑よりもいろいろな植物が植えられた花壇のほうを、下草が密集した森よりも開放的な森のほうを好みます。私たちはまた、自然でも人工的なものでも、整然とした秩序を探し求めます。例えば、原野に積み上げられた岩よりも、注意深く配置された日本庭園の石を選びます。

環境心理学者のレイチェル・カプランとスティーブン・カプランは、景観を理解するのに役に立つ４つの特性について定義しました。第１の特性は「一体感」です。景観の構成を理解しやすいか、つまり景観がいかにうまく調和がとれているかということです。それは、ばらばらに散らばっている岩か、あるいは注意深く配置された瞑想にふける庭園の一部である岩か、どちらなのでしょう？　第２は「視認性」であり、奥行きが視覚的にはっきり理解できるかどうかです。視認性が優れていれば、その環境へ入ったり出ていったりする道が簡単に見つけられます。その場面がいろいろなものから構成されているか、あるいは限られたものから構成されているかという「複雑さ」が第３の特性です。最後は、最も大切な特性で「神秘性」です。それは、その景観の中へさらに踏み込んでいくと多くの新しいことに気づくことが約束されているかどうかです。これは見る者が曲線を描いて視界の外へと続く小径の向こうの景色を想像することや、植生によって部分的にしか見えない建物のより心地よい眺めを手に入れようとする意識に強く影響を及ぼすものです。それは、さらにどんな知識が学べるのだろうかという好奇心を刺激する「神秘性」です。神秘性の存在こそ景観選好における、最も一貫性のある予測因子だと定義されています。[4]

同じく環境心理学者ロジャー・ウルリヒは、心拍数、血圧、筋肉の緊張や脳波といった生理学的および精神生理学的な反応を計測することによって、どのような景観が好まれるかを分析しました。[5]彼は、好まれる景観は適度に緊張を減らし、ストレスのある状況から回復を早めることを確認しました。ある研究では、試験を終えたばかりの学生が２つのグループに分けられました。ウルリヒは、１つのグループには自然の光景を、他のグループには都会の光景を示しました。自然の光景を見た学生は緊張が緩和され、都会の光景を見た学生は、試験のときより緊張が増しました。

ウルリヒは、景観の情報的な質に影響し、好感度を決める６つの変数について述べています。第１は「焦点」で、風景を眺めるときに無意識に視線が向けられる点であり、その風景の論理的評価が始まる出発点です。第２の「複雑性」は景観を構成していますが、それはパターンの存在を許す「穏やかな～、から高度な～」要素です。第３の「奥行き」は、人がどこまで景観を見渡せるかです。第４の「土地の質感」は、その設定を通して見る人に見えるもの以上に容易に風景の中を案内できるかどうかということです。「湾曲した展望」は見えているもの以上の情報を見せてくれるだろうという意味です。最後の第５の「予測できる脅威」は、参加者が即座に迷うことなく景観を判断し、危険が無視できるか存在しないという意味です。[6]

そのような分析から、これらの研究者たちは次のように結論づけました。すなわち、景観が効果的に機能するためには、人は本質的に人のすぐそばにある景観の中の手がかりを効率よく理解できなければならない、その中に移動していくときに何が起こるかを予測できなければならないと。幅広いいろいろな背景の参加者の中で類似の結果が出たことによって、科学者たちは「ある景観を人が好むということは、直観によるもので、不適切な環境ではなく、適切な環境を選ぶ傾向の現れである[(7)]」ことを理解しました。参加者は質問を受けたとき、ある環境がなぜ他のものより魅力的であるかということを説明できませんでした。その選択は意識的な考えよりも感覚（「心が躍る」）によるものです。しかし異なる文化圏において、顕著に同様な結果が出るということは、景観選好においては生物学上の因子が重要な役割を果たしているという考えがあることになります。

人間の歴史上、景観選好は、それぞれの文化圏でそれが通過するたびに再解釈されて一筋の流れのように流れています。地理学者のジェイ・アップルトンは、眺望がよくて、広範囲な周辺地域の視界を提供するのと同時に、他人から見られないように守られている家があるかどうかでその景観が評価されるという理論を発表しました[(8)]。このような景観（森のはずれのような場所、そこは人の気配に気づかれることなく動物が見られる場所）は、もちろん原始人には有利だったのでしょう。アップルトンは17世紀から18世紀の絵画と建築が、生来の風景の好みが基調となっている文化的な解釈をどのように表現しているかを示しながら、これらの絵画には見晴らしがよく同時に隠れ家のような場所が現れていることを明らかにしています[(9)]。

広く多様な人々において特定の選択が恒久的であることは、その選択が基本的な人間の特徴を意味すると心理学者は確信するに至りました。私たちは情報処理をする存在なので、私たちの感覚を通して発見した何かを取り入れ、解釈し、判断の材料として利用します。景観選好は人間のこの能力とつながっていて、そこに何か特別な意味があるに違いありません。景観選好は今日においては種を確立するのに役立った環境に、適応していった習性の名残であると解釈されています。

人間が本来必要としているものと文化的に必要とされるものは、2つの糸のように、人間という織物の縦糸と横糸です。例えば、絢爛豪華な錦の布を裏返したとき、複雑な模様の謎が解けるようになります。裏側は､そのデザインを形成する入り組んだ織り方を示しています｡したがって、私たち人間においても、人間生来の自然に対する反応を理解するためには、現代の文化的な影響を取り払わなくてはなりません。自然の風景に魅了されるのは、それらが、昔の私たちに戻すことができる糸の1つであり、それが、これらの感覚の源に近づけるようにしてくれるからなのです。

見えているものを超えた解釈

どこかで、多分アフリカのサバンナで、私たちの祖先は地上で生活するために木から降りました。彼らは自由に上へ行ったり､下へ行ったり、横に移動したりできる多次元的な樹上生活から、彼らが学んだ行動を大幅に修正する必要のある平らな地上という環境に移動しました。

すでにほかの動物が住みついているサバンナへの侵略者であり、新参者である人間は、そこに住んでいるものたちを出し抜くために知性に頼ることを強いられました。他の動物よりも遅い足、小さい身体で大きな爪や牙を持たない人間は、発達した大脳のおかげで、ほとんどどんな場合にも対応することができました。「これらの環境下において、物事が起こる前に何が起こるかをうまく想像することは、ただ単に有益であっただけではありません。それは生きていくために不可欠なものでした[10]」

地上で生活する二足歩行動物は、すぐに、大勢でいれば安全であることを学びました。石器時代（約紀元前100万年～紀元前1万2000年）に人間は、採取狩猟民のグループが集まって原始的な社会組織を形成しました。それまでの彼らの生活は、長く、定まった住居を持たない不安定なキャンピングの旅でした｡食料と水の豊富さは1つの制限要因でした。ある場所の食料が底を突くと、集団は移動していきました。食料や水や避難場所を手に入れることができるかどうかを景観の中から読み取る能力は、本質的な基本要素でした。生活を持続するために必要な資源を見つけることに長けていた彼らは、生きのびて彼らの遺伝子を次世代に伝えることができました。試行錯誤を通して、観察と分析を繰り返し、彼らは、安全だとわかる環境的な特徴を認識し、かつ好むことや、遭遇した危険を避けることを学びました。地球上に広がった多様な生態系を移動しながら、このような判断力を形成していったのです。私たちの祖先は、500世代昔のつい最近まで、景観の中に生き延びる手がかり求めて生活してきました[(11)]。

生命の究極の目的は種の保存であるため、ホモサピエンスが生き残ることと、私たちがその中で進化してきた原始的な緑の環境との間には、密接な絆があるに違いありません。ある程度の自信を持って、私たちは人間が最初にこの地球に現れた場面や、見つけたもの、そして人間が繁栄し、子孫を残すために必要としたものを再現することができます。生活に適した住環境を選ぶことは、生き残るための本質的な基本要素ですから、採取狩猟民にとって真剣で、かつ多大な時間を要する活動だったことでしょう。景観から生きるための環境を学んでいる間に、周囲から、忍び寄り、歩き回り、そして滑るように進んでくる目に見えない危険に不意打ちを食わされることもありました。このように、人間にとって生存できる場所を素早く認識すること、つまり、水、食料、隠れ場所が豊富にあるのかないのかを示す、ある種、人間にとって有用な植物の存在や形を知るすべを学ぶことは人類が進化していくうえで有益でした。

学ぶことは純粋な思考以上のものを含む複雑なプロセスです。人間はまた、情緒や感覚によって自分に関する情報を認知します。空腹や、のどの渇きを感じると、私たちは食べ物や飲み物を探します。苦痛を感じるときは、泣き叫んだり、身がすくみます。このように感情と感覚によって、理性を働かせなくても人間は今起こっていることを認識することができます。それらは、原始人が進化させた人間の機能であり、人間独特の行動様式を強化するものでした。価値ある成功によって肯定的な情緒的反応を伴い、人は楽しい行動を進んで繰り返すようになります。例えば、安全な生息地を選ぶこと、食べること、飲むこと、あるいはセックスすることです。一方、否定的な情緒的反応では、危険や苦痛を生じる行動の繰り返しを避けるようになります。

このことは、ある環境を直感的に判断する能力を発達させていかなければならなかった私たちの祖先が、どのように生きてきたかを示しています。成功した居住地の選択は、その場所での喜ばしい感情によってさらに強められてきました。原始の人間は、それがいいと「感じた」ことがその理由で、その環境を選択することを学んだのではないでしょうか。その生息場所を最初に評価するために、直感的な感覚に頼ることは、それから先の行動を計画することや、あるいは、その地域に潜んでいそうな敵を相手にすることに対して彼らの気持ちを楽にしました。

どのような新しい技能を手に入れようとしても、特に初めは、強烈な集中力が求められます。しかし、一度その技能が心地よく私たちの能力の一部分になれば、それを自動的に使えるようになるのです。私たちが吸収したものは、私たちの体内知識となり、常には注意を必要としません。例えば、車の運転を学ぶ場合は、最初はそれぞれの動きに集中しなければなりません。ハンドル操作、シフト操作、加速、減速そして障害物の回避など。初め私たちは、車という野獣を制御するために全神経を集中しています。そして、私たちはそれを征服できないものと諦めています。しかしながら、私たちはいくつかのステップを学んだ後は、ラジオを聴き、景色をチラッと見たり、同乗者と話しをしたり他の事柄に関心を向けることができます。運転するということが、感覚によって受け取られた情報への無意識的な反応になっています。

そのように、人類は生活に適した環境を定めるのに意識的にしなくてもできるようになったに違いありません。さらに、もし、環境を心や本能で直接感じ取って評価する能力が遺伝子に組み込まれたとしたら、各人であらためて学ぶ必要がなくなり、この情報が次世代へと受け継がれていくことでしょう。規則正しい心臓の鼓動や正常な体温が、あらゆる健康な新生児へと受け継がれていくことと同じです。このことも、私たちの長い進化の間に起こったことと思われます。

しかしながら、潜在的な景観を評価する能力は、私たちに標準的な心臓の鼓動と同じように一定ではないことは明らかです。遺伝子的な要素は決まっているかもしれませんが、文化的なオーバーレイ（重層化）によって､その能力がどのように発揮されるかが左右されます。私たちは、それぞれ自分自身の生活の状況の中で反応しています。このように、ある場所を見て本能的に好きか嫌いか判断するとき、それは私たちの文化や受け継いだ遺伝子に影響されるのです。

サバンナの景観

私たちそっくりの祖先は、アフリカのサバンナで生まれたと信じられています。ゴードン・オリアンズとジュディス・ヒーエルウェージェンは、人類が生き残るのに最も有利な条件とはどのような特性であったかを究明するために、サバンナの生物群系（ある種の気候を持つ広い地理的な範囲に生息する植物や動物のコミュニティ）を研究してきました[(12)]。

サバンナは、あちこちに木が散らばっていて、すぐ近くに危険が潜んでいないかを明瞭に監視できると同様に、身の安全のために遠くまでの視界を確保できる草や灌木の低木層がある開放的な景観です｡そこには、悪天候や地上肉食動物から身を守るために十分な木があり、人々とそこに集まる草食動物の両者のための食料も十分にあります。

ある種の木が水の存在を示すことがあります。アフリカのサバンナではその木は比較的少なく、水の存在を予測するのは難しいのです。オリアンズとヒーエルウェージェンはサバンナの木のタイプについて研究して、広く分布しているアカシアトルティリス（Acacia tortilis、マメ科）の細かい葉の形が湿度によって変わることを発見しました｡「良好な生息環境では、このアカシアトルティリスがサバンナに生育している典型的な形は、多層の樹冠を広げ、地表近くで枝分かれする幹を持っています。より湿った〔過度に湿った〕サバンナでは、その樹木は、高い幹を伸ばすよりも樹冠を高い位置で横に広げて発達しています。一方、乾燥したサバンナでは、アカシアトルティリスは密生し、灌木のような姿になっています[13]」。このように、地表近くで傘状に分枝している木が生えているサバンナは、生命を持続する湿気を適度に持っている生息環境であることを示しています。これは、人類が生き残ることができた景観で、そして、そのことを素早く見分ける能力は、その地域を歩き回っていた原始人にとって貴重な資産であったことでしょう。もし、サバンナの住民が生息場所としての可能性を素早く評価するために、木の形やその地域の景観を利用していたとしたら、特別な景観に対する生まれながらの選好（その選好は今日の私たちの中で共鳴している）を進化させていったと考えられないでしょうか？　それは明らかです。研究者たちは、アメリカ人が「サバンナ」のように特徴づけられた地面が草で覆われ、木の下に絡まったやぶがなく、広く成木が生え、開けて見晴らしのいい公園のような環境を好むということを発見しました[14]。人類学者は時々サバンナを「パークランド（草地の公園)」と呼んでいます。

人がサバンナを好む傾向が現代人にも受け継がれていることが、心理学者ジョン・D・バリングと生態学者ジョン・フォークの研究[15]の中でさらに確認されています。その研究へ参加した人たちは、温帯落葉樹林によって特徴づけられる東海岸地域に住んでいる幅広い年齢や職業の人たちから選ばれました。選ばれた人たちは、小学３年生、６年生、大学生、社会人、高齢者、そして森林監督官です。各グループに、スライドによって代表的な５つの異なる生物群系が示されました。その５つは熱帯雨林、温暖な落葉樹林、針葉樹林、サバンナ、砂漠です。そして彼らがどれほどそこに住みたいか、または同じような地域を訪れたいかによって評価をしてもらいました。３年生と６年生（８歳と12歳）は顕著な選好をサバンナに示しました。しかし、彼らより高年齢の参加者たちには、身近な自然環境がサバンナと同じように好まれました。

調査に参加した子たちの誰一人としてまだ実際のサバンナを見たこと

はないので、研究者たちは、彼らの表現した選好は、「人間が東アフリカのサバンナでの長い進化の歴史の結果サバンナのような環境に対する生来の選好を持っている」と結論づけました。[16] 人々は齢を重ねるにつれて、より多様な景観を選ぶようになります。ほかの言い方をすれば、子どもたちは生まれつきサバンナの選好を持っているように思えます。こうした傾向は彼らの遺伝子に組み込まれていると考えられます。

この考え方は、有名なアフリカの人類学者メアリーとリーキー の息子のリチャード・リーキーも繰り返し述べています。なぜアフリカがそれほどまでに人々に意味深い影響を持つのかと尋ねたとき、彼は答えました。「遺伝子的な記憶……他のどこでもないと彼らが感じる何かを感じるために、ここに来る圧倒的多数の人々。それは野生生活を楽しむためではありません。それはその場所なのです。私はここを知っているという本能的な記憶、それは非常に根源的です。巣に帰るハトやサケが持っている見分けるための、そして生まれた故郷に帰るための素質です。アフリカが故郷だと感じるのです。それはここにいるのが正しいと感じているのです[17]」

ゴードン・オリアンズと ジュディス・ヒーエルウェージエンはシアトル、アルゼンチン、オーストラリアから来た回答者にアカシアトルティリスのスライドを見せたところ、全てのグループが、適度に樹冠が密になって地表近くで複数の枝が分岐しているものが最も魅力的だと評価したことがわかりました。枝が高いところにあったり、まばらであったり、または非常に混みいった樹冠のある木は魅力に乏しいと評価されています。魅力的だと評価された木は、適切な湿度のある土壌で育っているアカシアトルティリスの代表的な形をしています。

それは、私たちが庭に植えるために選ぶ木や低木の特定の樹形に対する私たちの先天的な選好に影響されているようです。ゴードン・オリアンズは造園技術の歴史が長い日本の造園で使われている樹木を研究しました。[18] 日本人は花をほとんど使わないので、彼らの景観の美しさは花のない木や低木の形や配置から創造されます。ゴードン・オリアンズは日

京都・大徳寺の茶室

本人もアフリカのサバンナの樹形に対する生まれつきの選好によって影響されることを明らかにする研究をしました。そして、カエデ（Acer、カエデ科）が植栽によく使われることに気づきました。日本庭園に選ばれた野生種のカエデは上に伸びるというよりは横へ広がる傾向があり、選ばれなかった種類の木よりは枝が短く、葉は小さく深く切れ込んでいます。日本庭園では、一般的にカエデは刈り込まれず生長し、自然の形のままで植えられています。カシ（Quercus、ブナ科）の木を選ぶときにも、大きな葉で落葉性の種類よりは、葉が小さく常緑の種が好まれています。

自然の生息環境で横に伸びる特徴を持つ唯一の日本の針葉樹は、アカマツです。風が吹きさらしの場所では、幾層にも横に広がるように生長します。日本庭園で見かけるほとんどの針葉樹は独特の層をなした常緑樹となるように丹念に刈り込まれ、樹冠は縦方向より横に広がり、枝葉は地表近くで分岐しています。この樹は低く広がった枝を長く伸ばして支えることで水平に枝葉が広がって、その樹形としての特徴を表しています。このような特徴の全てがサバンナの木を思い起こさせます。

生存のための他の手がかり

今しなければならないことに集中して、日々の出来事を追いかけている間に、非常に重要な出来事の前兆となる手がかりに気づくことが、原始人にとって困難になってきていました。もし、その手がかりが危険あるいは急変を暗示していたのであれば、そのとき夢中になっていたことを諦めて、即座に対応が必要であったでしょう。これは、今日私たちが火災警報あるいは空襲警報に対応するのとほとんど同じだったでしょう。その警告が私たちに今まで以上に注意を向けさせて、強力に感情に訴える反応を喚起したなら、進化の観点からすると、その警告の合図は最も効果的であったでしょう。今まで以上に注意を向けるようになったのであれば、最も効果的であったでしょう。

感情的な反応は、私たちの原始の祖先をより効率的に機能できるようにする情報を、部分的に強調するために進化したといえるのかもしれません。天候の変化を知らせる手がかりは特に重要だったでしょう。なぜなら、その手がかりは、天候の変化のために人間が準備しなければならなかったことを、おそらく知らせていたでしょうから。雲のでき方、風あるいは気温の急変などのいくつかは、差し迫った嵐から避難する場所を探すために移動するよう、即座の行動を要求したことでしょう。

その他にも、もっとゆっくりと起こる出来事を知らせる手がかりもあります。それは、そんなに急を要するものではありません。例えば、季節の変化を予告する兆候に対しては、雷を伴う暴風が通過するのを避けるために要する時間より、ゆっくりと準備を始めます。狩猟採取民、漁業あるいは農業で暮らす人々は、植える時期や収穫のとき、夏の牧草地への移動時期を知るために、あるいは、冬の避難場所を探すために自然の兆しを観察しなければなりません。太陽の角度、月の満ち欠け、星の位置など。植物の枝葉の色が変わっていくのは、長い冬を生き抜く準備を開始すべきです、という確かな知らせであったでしょう。

私たちの古代の先祖は、このように自然の「警鐘」を感じると生き残るための行動に駆り立てられました。この「警鐘」は現代の私たちの中でも鳴り続けています。私たちは午後や夜の始まり、そして日の出と日没の美しさに今でも心を奪われます。夜間によくものが見えない動物にとって、このような信号は忍び寄る闇から逃れる避難場所を探すための、あるいは明日のための準備をする手がかりとなります。私たちは際限なく雲の形に魅了されます。詩人や画家は自分の感情を表現するために巧みに描いています。しかし、古代の祖先は、前兆として、風や天候、水や影に関する情報として雲を読み取りました。

春が来るたびに、木は芽吹き、草が芽生え、花は咲き、そして私たちは安堵し生命の再生を喜びます。秋の毎年恒例の儀式として、何百万人もが、森がオレンジ、赤、黄色、そして紫に変わる光景を見に田舎に向かって進みます。これらの旅行者は数珠つなぎになって、ニューイングランドの道路沿いに、あるいはグレート・スモーキー山脈国立公園を越えて車に乗ってやってきます。彼らのほとんどが自分の裏庭にある草木の色の変化を見ることができたはずです。しかし、日常生活を送っている人工的に作られた世界の中では思い出すものがほとんないので、「自然の」美しさに浸るための場所を見つける必要に迫られているようです。

詩人や作家は、自然との経験から抱く私たちのこうした感情があることをよく理解しています。ワーズワースが虹を経験したように、アニー・ディラードはスギが「光が宿った木」のように変貌していったと語っています(19)。彼女は畏敬の念に打たれて、このはかない自然と一時的に対峙して引き起こされる感情を記述するのにもがいています。

他にも、原始人が適応していったその他の信号は、いまだに私たちの中で響き渡っています。火は生きるか死ぬかという重要な意味を持っています。暖炉の中あるいはキャンプファイアーの輪の中の火は、暖かく気持ちのいいものです。人は、光輝く翼の羽ばたきのようにゆらめく炎を、うっとりとしながら眺めています。同じ火でも、野放しになった火は建物、森、そして野原を焼き尽くし、恐れを求めむさぼり食う怪物になります。それにもかかわらず、依然として火は力強い魅力を発揮しています。

初期の人間は、彼らの生命を脅かす大きい動物、あるいは獰猛（どうもう）な肉食動物の存在に極めて敏感にならざるを得なかったでしょう。動物の存在に即座に気づいていれば、安全な場所へ登り、その動物を殺す準備もできたでしょう。多くの人々が、追うものと獲物との神秘的なつながりを捜し求めて狩の儀式に参加しています。このつながりは先住民の文化にあって、そしてラスコーの古代洞窟画や米国南西部の壁画にあるように先住民の文化に存在する追うものと獲物が表現されています。私たちは何千年にもわたって神が創造した他の生き物とともに創り上げた深く複雑な絆に反応するように、動物園やサファリパークに群をなして出かけます。

私たちの花を愛する気持ちもまた、疑いなく古代にその源を発しています。さもなければ、緑や茶色の世界では、花は食物のありかを指し示す明るく色鮮やかな旗としてその役を務めたのかもしれません。おそらく、品種改良によってしばしばより人目を引く形や色あいの花が生み出されているのは、八重咲きの花、大きな花、二色や、多彩の花のように、花をより簡単に見分けられるようにするためなのかもしれません。イラクのネアンデルタールの墓地遺跡の発掘により、各墓に花粉粒が豊富にあったこと、そしてそれは、花が臨終を看取る最後の儀式に使われたことを示す印であったことを明らかにしました[20]。何人かの科学者が花は、純粋に実用的なもので、死後の世界へ食べ物を運んでいくことができるように花を供えたとする学説を立てています。しかし、おそらくこの説はネアンデルタール人と同じように私たちの花に対する素直な反応を反映していたのでしょう。これらの神の創造した生き物は、単に花が美しかったから愛したのではなかったのでしょうか？

話が脱線しましたが、人間の進化や深く根を下ろした現代の景観選好の起源については、この本の命題を把握するために重要です。次の章では、さまざまな形の緑の自然にどのように人々が反応しているか、そして人々の心の源泉に及ぼす強い影響について説明したいと思います。人と自然の関係を進化論的側面から理解すれば、私たちはこれらの反応がつかの間のものではなく、表面的でもないことが理解できます。

緑の自然に対する反応は、私たちそれぞれの中で緑の自然との絶え間ない遺伝的な絆が存在していることを示しています。そして、そこから私たちの種は、いかに生き残るかを学びました。景観選好の進化に由来していることに気づくと、ワーズワースの「虹」の結びの句を思い起こします。

私の心は躍る、大空に
　　虹がかかるのを見たときに。
幼い頃もそうだった。
大人になった今もそうなのだ、
年を老いたときでもそうありたい、
　　でなければ、生きている意味はない！
子どもは大人の父親なのだ。
願わくば、私のこれからの一日一日が、
自然への畏敬の念によって貫かれることを！[21]

私たちの遺伝子に組み込まれた緑の自然の意味を、気をつけて意識してみましょう。あなたが庭を散歩するとき、植物を育てているとき、公園や森の散歩を楽しむとき、私たちの両親であった古代の子どものことを知り、心に留めておきましょう。

それはいまだに私たちの中で生きていて、緑に覆われている命の続く道に沿って私たちを導き続けています。

3 章

Green Nature Observed

目に映る緑の自然

被爆樹マルバヤナギ（広島城内）

私たちに文化的な幸せをもたらす庭の莫大な貢献を測定することはできません。しかし、私たちは、いつもそれを感じることができます。庭への訪問で五臓六腑に染み渡る経験は普遍的なものです。そこにはどんな言葉のバリアも存在しない。まなこや心や、魂こそが、私たちに全てを翻訳するのです[(1)]。

五感がひらく

私たちは対象をどのように知覚し、あるいは脳の特定部位にどのように反映するのでしょうか？　私たちの最初の印象は視覚を通してやってきます。私たちは、三次元の世界を精神的な景観に変えて、それに個人的な意味合いのニュアンスに注釈を加えながら、網膜に捕らえられた倒立像を潜在意識の言葉へと変換しています。観察されたものは観察した人とは切り離せません。私たちが見るもの全ては、それぞれの人に固有な「知覚」というフィルターを通して色づけられるため、人の視覚によって捉えたものは、その人とは全く無関係とは言えないのです。

光景や音や香りや触った感覚など、自分がどこにいるかを私たちに語りかける雑多に入り混じった感覚情報を知覚するとき、その場所に対してのイメージが心に整理保存されます。都会では、交通が通りを詰まらせ、排気ガスやイライラさせるスモッグが空気を汚します。やらなければならないことで頭が一杯の人々が、人を押しのけて堅いコンクリートの歩道を靴音を鳴らして歩いて行きます。ビルの谷間では見えているものは今歩いている通りとほんの一部の空だけです。道の角でのみ私たちは全ての方向を見通すことができます。

都会と同様に、郊外の歩道も堅いため、足に負担がかかりますが、郊外では、コンクリートの歩道から周辺に広がる草地に逸れ、ひんやりとした甘い大地の匂いを嗅ぎながら、柔らかい地面を歩くことができます。建物が光を遮るためではなく、木々が影を和らげるので、空気はより新鮮で光と影が入れ替わります。都会から最も遠い野原や森の景観では、見渡す限り緑の眺望が広がっています。地球の表面は柔らかいか、岩石が多くでこぼこです。自然からの音と香りは、私たちと一緒に歩いているように私たちを包み込みます。

感覚的な経験に加え、初めての対象物に対する反応は文化的な背景に影響されます。１つの例は、天国の木であるニワウルシ（Ailanthus altissima、ニガキ科。神樹ともいう）に対するさまざまな反応です。アメリカの園芸店経営者や景観設計家は、この雑草のような帰化植物は、見た目も悪く繁殖しすぎるという理由から、造園に用いようとはしません。しかし、大都会の中心部では、ニワウルシは生長に好都合な割れ目から芽を出します。そこの住人は他からの助けなしにしつこく主張する生き残りとしてそれを容認しています。住人はこの樹がつくる強烈な夏の暑さから逃れる避難所を歓迎しています。また、この樹のギザギザな葉が創りだす都会のブロックの固い構造とは違う姿を見てほっとします。オランダと韓国では、ニワウルシはより良い評判を得て、望ましい街路樹として積極的に奨励されています。このように、同じ植物であってもニワウルシに対するさまざまな反応は、文化的な背景と見る人それぞれが持っている個人的な経験によって決められるのです。

他の例では、ほとんどの人は、都会での植物の生育は都会の荒々しさを和らげるとして肯定的に見ていますが、他の人たちは都会の公園やビルの近くの低い木の枝が密に茂った低木は強盗の隠れ蓑であることを知っています。このような心配を和らげるために、枝葉は市民の要望によってしばしば剪定されます。

私にとって、文化的な景観が緑の自然に対する反応に影響するという最も劇的な例は、私が、モートン樹木園でシカゴの中心街の若者を引率して実地研究をしていたときに起こりました[(2)]。ほとんどの樹木園訪問者に非常に愛されている１つの場所なのに、彼らが森の中に踏み込んで行くことに恐怖を感じているのがわかって大変驚きました。この種の景観に対する個人的な接触の欠如と、「森」と「ジャングル」の何年にもわたる結びつきとが、彼らをライオンやトラに襲われるのではないかと怖がらせたのです。そこで、森の構造と都会の構造、森に棲む動物と都会に住む人間との類似性に気づかせることで、安心させることができました。そのときの訪問は私たちも双方にとって新しい発見がありました。このことは、彼らにとっては馴染みの遊び場である子どもたちで混みあった街の芝生広場に私がガイドなしで入っていくことが、私にとっては彼らと同じように怖いと感じるということに気づかされました。

個人的な考え方や経験が、あらかじめ計画して創造する景観にどのように影響するのかを思い描いてみてください。設計者の心の中に源を発する概念は図面に描かれ、そして地上に三次元の実体が実現されます。しかしながら、その過程はいまだに完全ではありません。物理的な設計を個人的な経験に変貌させながら、人々が新たに作られた景観に触れあうときに、その設計から完成した景観を眺める循環の輪が閉じるのです。景観を見る人々の心の中でさまざまな要素が統合されていく。これが特別関心のある最後の過程です。思考、経験そして景観の意義の相互作用は常に存在してきました。歴史的に、庭園の様式はしばしば人間と社会の影響を反映してきました。

17世紀半ば、フランスのルイ14世は、ルロアソレイユ（太陽王）としての威厳と権力を詳細に物語る１つの庭園を建てました。ベルサイユ宮殿の計画は、その王の時代の社会に対する１つの象徴です。唯一、宮殿の中の高い、見晴らしの良い部屋の窓からだけ、全ての景観を眺望できました。この庭園は、色のついた繊細な石で庭の縫い目を飾り、園芸的に強調している花壇や格調高い形状を作り出す園路、長い運河、噴水、彫像など幾何学模様のタペストリーの観を呈しています。しかし、その庭のどこにも、自然の力がそれを創った、ということを思い起こさせる暗示は何もありません。それは、明らかに人間、特に天才アンドレ・ル・ノートルの作品です。地上レベルでは、その庭園は訪問者に、その規模において畏敬の念を起こさせ、人間はたいしたことはないと思わせるのです。自然は束縛され、曲げられ、角張った形に切り分けられています。園路、パルテール（花壇と路を装飾的に配置した庭）、運河、そしてプールの境界にだけしか、植物と水の本来の姿の一端を見ることができません。フランスの人々がそうであったと同じように、ベルサイユの自然はルイ14世の意思に縛られていたのです。疑いなく、ルイ14世は、彼の力の象徴が後世の訪問者を魅了し、そして元気を与え続けていると知ったら、さぞかし満足することでしょう。

ベルサイユの伝説的な成功によって、幾何学的な様式の造園はヨーロッパの至るところで好まれるようになりました。イギリスでは、1660年に英国に、チャールズ２世によって幾何学様式の庭園が紹介されました。そして、それは彼が亡命先のフランス宮廷から戻ってきたときでした。彼は伝統的な庭園を置き換え、次の20年間を統治しました。英国王室の植木屋たちは人気を呼んでいるル・ノートルとその弟子によって広められた庭園デザインを学ぶためにフランスへ派遣されました。まもなく、パルテール、園路、運河、装飾刈り込み法や彫像が広大な土地に次々に造られていきました。そして、それほど裕福ではないけれども、見栄をはった地主たちの狭い土地に、幾何学様式の庭園が縮小して再現されました。

そして17世紀後半の大商業航海時代が来ました。英国の探検家たちはアジアや新世界で発見された未知の木や灌木を収集し、そして故国へ送り始めました。イギリスへ持ち込まれて植物は人々の大きな興奮をそそり、園芸の発展に活気を与えました。英国王立園芸協会の前身である園芸家協会は、異国情緒あふれる外来植物の魅力に呼応して結成されました。しかしながら、厳格でしばしば素直でないル・ノートル様式にはほんの少しの植物しか適さなかったため、フランス流設計の嗜好は衰え始めました。

18世紀には、英国の旅行者はイタリアのローマ近郊の素朴な平原を見て、魅了されました。寺院や遺跡とともにのどかな田舎風景に満たされたキャスパーやニコラス・パラジンやクロード・ロランの絵画にとりつかれて、イタリアの景観が流行の主流となってきました。英国の旅行者が帰国すると、彼らの部屋の壁を流行の絵で飾りました。これらは、型にはまった幾何学的な形式から、より自然な絵のような庭園を作り出す動きとなりました。イングランドの長い伝統で培われたプライドで肥沃な土地を発見して、新しい思想の人々は自国の田園地方を理想郷としようとしました。

英国の庭園に関する概念を変えることに多大な貢献をした人物が二人

います。それは、ランスロット・“ケイパビリティ”・ブラウンとハンフリー・レプトンです。ケイパビリティ・ブラウンは、彼のロマンチックな気質を満たすためにその景観を作り直しました。荘厳で型にはまった庭園は、しなやかな丘や谷、曲線を描く路、ウェーブを描く波打際を持つ湖を作るために壊されました。木々は、一本ずつまたは集団でそびえたって生育するように植えられ自然本来の形を創りました。ハンフリー・レプトンは形式的なものを曲がりくねった、開放的な光景に変えて、この様式を守り続けました。英国の景観は今でも大事にされ続けている緑豊かな、なだらかな田園地帯の風景になりました。

都会の緑

現代の都会環境の中での緑の自然は、道路と建物の隙間区画の中に植えられ、ベルサイユ宮殿の庭園で厳格な幾何学模様の区画の中に植えられたのと同じようなものを作り出しています。ル・ノートルによる設計ではありませんが、都会では植物は鉄とガラスの渓谷の中に住んで、そこで働き、遊んでいる人々と同じように、植物は従属的な役目を装っています。都会は文明の力をあまりにも表現しすぎています。街の中心を飾っている木々や灌木、芝生や花は、街の区画によって制約されている庭の単なる構成要素として考えられているかもしれません。

産業都市は比較的最近の開発で、都会の公園や植栽の歴史はかなりよく知られています。アメリカでは、当初、観賞植物は個人の庭または小さな公園や四角い広場を飾るためにだけ植えられました。そして、19世紀半ばに、植物の社会的な役割は、フレデリック・ロー・オルムステッドのような都市計画家たちがもたらしたビジョンによって特徴づけられ始めました。

石炭を燃やす煙で呼吸するたびに息が汚される、窮屈なアパートに住んでいる人々の不健康な状態が広がっていきました。オルムステッドは都会生活のストレスを解放するために、その能力を活かす新しい植物の役割を提唱しました。彼は、大都会の急速な発展を予測していました。そして、恒久的に緑を残す場所を確保することによって人間に恩恵がもたらされることを認識していました。そこでは、人々はリラックスでき、木々によって浄化された空気を吸うことができ、公園は都会の“肺”として社会の中心的な場になると考えました。

オルムステッドは、緑の自然が健康や体力を回復させる性質を持っていると強く信じました。彼は、「景観は人をくつろがせ、融通のきかない感覚は都会生活の騒音や人工的な周辺環境によって緊張をつくる」と断言しました[(3)]。彼は一人の医師の観察について報告しています。それは、「人々の健康と気力に著しい改善をもたらした公園の直接的な影響、たとえば、……公園は、得がたい多くの市民の寿命を延ばし、そして多くの人が労働能力を向上させた[(4)]」という内容でした。

公園と並木のある大通りは、文化的背景の違うグループをその癒しの環境に連れ出すことによって強い社会的な恩恵をもたらすだろうと、オルムステッドは理論づけました。彼は、自然は人間の精神と行動に良い影響をもたらすと信じていました。この道徳的な影響は「身体と心の病的な状態」が生み出され、「精神的な弱さや苛立ち、そして種々の機能的な混乱」を生じる大都会の中で密集して住んでいるようなところに特に必要でした。産業社会の人々を注意深く計画された環境の中で自然やお互いを接触させることができれば、彼らの美的な感受性、身体的な幸せと他者を尊重する気持ちを増やすことができるとオルムステッドは感じました[(5)]。

オルムステッドのニューヨークやボストンやシカゴのような大都会の真ん中にある大きな公園は、すぐに成功しました。人々は都会生活の強烈なプレッシャーから逃れるために、それらの公園に群がりました。第二次世界大戦後にいくつかは荒廃に陥りましたが、今は、都会の緑の空間の恵みに関する彼の思想は、心理学者や地理学者によって確認されつつあり、彼の公園はアメリカ全土で修復され、大事にされています。

人口密度の高い地域では、都会の植物の重要性への関心と気づきが復活し始めています。残念なことに、19世紀の巨大な公的な広場は、もはや利用できません。その代わり、私たちはほとんどの主要な都会に点在しているポケットサイズの公園に感謝しています。そこには木々や泉や花があって、交通や騒音や汚染の襲撃から私たちが逃れて一息つける小さな島です。これらの天国の最初の１つは、ニューヨークのペーリー公園で、以前ストーク・クラブ（1926 ～ 1965年まであったナイトクラブ）があった東53番通りのブロックの中央に位置しています。この公園では、テーブルや椅子がアメリカサイカチ（Honey locust、マメ科）の木陰に点々と置かれています。向こうの壁は連続している滝の流れによって覆い隠されています。それは街からの騒音も遮っています。階段を４段上っていくと、歩行者は簡単に交通のせわしない動きから離れ、木で覆われたこの静寂な環境に入っていけます。ここでは、彼らは、ゆっくり休むためにテーブルにつき、そして移ろう枝葉や優しい滝の音が、気持ちよく癒してくれます。

私たちは、自然の空間を都会の公園や庭園そして道路沿いのみならず、建物に隣接した場所、屋上や屋内に持ち込むために多くの努力と費用を費やしました。このような植物と建物の統合は、バビロンの空中庭園で有名であり、ニューヨークのプラザホテルのパームコートは、今でもビクトリア朝時代の優雅な名残を留めています。

建物の中の花や植物の現代的な利用は、最初にサンフランシスコで、次にニューヨーク市のメーシー百貨店で普及しました。1950年代に始まったものですが、メーシー百貨店は毎年春に花の派手なショーでお客を歓迎しました。この花のイベントは冬に飽き飽きした多数の顧客が待ち望んだイベントで、全てのフロアーは、切り花のアレンジメントや花の咲いた植物で飾り立てた贅沢な花壇に姿を変えられました。

屋内に自然の空間を作り出す次のステップは、1963年にフォード財団によって始められました。それは、植物を植えた庭を11階建ての本社に造りました。社員は、彼らのオフィスから緑のオアシスを見下ろすことができました。そのビルの吹き抜けの空間は、すぐにフォードの新しい社屋の特徴となりました。大木や噴水と池を特徴としている植えつけは、多くの大都会の建物に出現しました。ニューヨークにあるIBMの建物は、高い茂みと椅子やテーブルが備わっている高層の温室を誇っています。その温室では、人々はリラックッスでき、読書もでき、友人と集い、コーヒーを飲み、昼食を食べる場所を探しています。それはまさに大都会の室内公園です。

今ではどこにでもあるベンジャミン（Ficus benjamina、クワ科）のような観葉植物は、1960年代以降、事務所、ショッピングモール、レストラン、お店、航空会社のターミナル、病院の中でお馴染みになってきました。しかし、都会の植物の役目とは何でしょうか？　なぜ私たちは自然に反する周辺の人工的な環境の中で自然を大事に思うのでしょうか？　都会の植物は動物園の中の動物そっくりです。このような植物は、彼らの自然の生息環境から移動させられて、見せかけの原野、つまり、人間が観察している下で生き続けている人工的な環境に置かれています。それでも、動物園の動物と違って、都会環境の植物は、通常、背景と思われている、ガラス、レンガ、コンクリートや石の固い表面を和らげます。

さらに、その汚染を取り除いたり木陰や蒸散を通して空気を冷やす能力に加えて、都会の緑樹は心理学的に重要です。その緑樹は、人工的な構築環境によって常に強いられている緊張からの休息を私たちに与え、精神的な安全弁として機能しています。

植物によって、工業化固有のストレスから人間の精神は解放され、安定とくつろぎを取り戻すことができるのです。イリノイ州のライルにあるモートン樹木園、ワシントン州ベインブリッジ島にあるブローデル・リザーブ、フロリダ州のレイク・ブエナ・ビスタのウォルト・ディズニー・ワールド、この３つは、訪問者の心の状態に働きかけるように意図的に設計された場所の好例です。

モートン樹木園

シカゴの中心街から26マイル（約42㎞）西の地区は、周り一面、住宅地や商業地として開発された地域に囲まれた緑の憩いの場所です。そこは、1922年ジョイ・モートンによって創立され、小高い末端堆石（氷河の末端まで運ばれた氷堆）の中に位置しています。その土地では50年間農業が営まれていました。モートンの夢は、「イリノイ州の気候に適応できる世界の樹木研究のための屋外博物館…それは木々への一般的な知識や自然を愛する心を育むためのもの」を設立することでした[(6)]。これが、重い粘土質の土壌と厳しい大陸性気候の地域に入って取り組んだ大きな志でした。その土地はもともとプレーリー（大草原）でした。

モートンの主張で、自然を知ることやその知恵を尊敬することが、その樹木園のはっきりとした特質となってきました。収集された樹木が北米中西部の厳しい環境にどのように適応してきたかを研究することによって、そのコレクションを育てることを学びました。そして、世界中から運ばれてきて名札をつけられ、電子データ化されたカタログに記録された４万300種以上の樹木の展示方法も学びました。モートンの指導のもと、コレクションの樹木は環境と注意深く溶け合うように植えられているため、毎年訪れる何十万人もの人々は、平和と落ち着きを与えられ、あふれ出る自然のままの景観と一体化されます。

樹木園は、1500エーカー（約6.07㎢＝約18.4万坪）の土地からなっていて、その中には自然林、流れ、湖、木々や灌木、つる植物のコレクションや、草原、芝生、そしていくつかの庭園が、巨大な中西部の空の下に広がっています。数エーカー（１エーカー＝約4047㎡）は道路や駐車場、講義室、図書館、研究所、事務所の入った建物で占められています。多くの訪問者は一般公開の園内ツアー、教室、講義、図書館などを利用しています。しかし、大多数の人たちは、緑の自然に屋外でじかに触れるためにやってきます。

ここの景観は英国風に設計されていて、２つの要素が相互作用することが特徴となっています。木と灌木が覆い茂った場所が絨毯のような草地と芝の開放的な緑と対比しています。何も植えられていない空間は、樹木を種類別に分けたり、樹木が生長し過ぎて境界からはみ出すのを防いでいます。人がその中を歩いていくと、映画のシーンのように連続して景色が動いていきます。このような視覚的現象はよく起こることで、例えば、立木、生け垣、電柱といった近くにあるものの方が、遠くにあるものよりずっと早く目の前を通り過ぎてしまいます。開放的な草地に植えられた木々の姿が見え方によって変化していくのは、訪問者が動くことで、まるで風景が動画のように見えるからです。

人が樹木園を徒歩または車で回ると、見晴らしの良い場所で、遠くの野原や木々や湖を見渡すことができます。そして、また見通しが利かなくなり、しばらくすると別の見晴らしの良い場所に行き当たります。人の目は、樹木が密集している場所と広々とした空間の相互作用によって刺激を受けます。景色をちらっと見たいと心をそそられますが、一目で全ての物語を理解することは決してできません。このような景観は、尽きない興味をそそります。私たちは常に眺望が開けていたりいなかったりということを無意識に感じているのかもしれません。私たちがどこへ行こうとしているのかとか、道の先に何があるのだろうという関心は、巧みな景観効果のせいかもしれません。ニューヨーカーの編集長で辛口の批評家であるトニー・ヒスは「同時にさまざまなことを認識すること」によって、狭い視野に立ったものの見方から解放され、「私たちの周りのものを、それらに対する私たちの反応を、そして私たち自身の考えでも望みもしなかったものを経験させてくれます。……それは優しく私の注意を集中させてくれて、一度に非常に多くのものごとによって気づかせてくれます。それは、思考や感情と同じように風景、音、匂い、そして触覚や平衡感覚です」と言っています。[(7)]

同時にさまざまなことを認識することによって、モートン樹木園を訪れる人は、微妙なニュアンスを含めて彼らの周りのもの全てを吸収することができます。人々がモートン樹木園にやってきたとき、彼らの内なる存在はいまだに、ストレスと外の世界の騒動に反応していますが、異なった環境が彼らを歓迎しています。それは静寂な環境です。門の外の社会にあるような看板や標識をほとんど除去している環境です。野原や植物、森林や草原を通る道に従っていくと、リラックスでき、そして自然の静かな声を聞くことができます。そこでは、訪問者は攻撃的でない考え方や静寂の中で精神的に開放されることができるのです。

訪問者は他の現実、つまり、自然はそれ独自のペースで動いていることに気づかせられます。訪問者は、景観の中に見えるのと同じようなものが彼ら自身の中に存在していることを直感します。それぞれの光景は緑でのある経験の個人的な感情を呼び起こします。並木々やラッパスイセンで輝いている草原を通って、小径はダムへとたどり着きます。そこでは、半透明な水が弧を描いて岩を打ち、下の放水路に激しく注いで、その一部分は遮られて湖となりながら、小川は流れています。訪問者はその光景にやすらぎを見出し、印象を心に留めています。

年間を通して、樹木園は、耳に聞こえて深くこだましている音楽の楽器の集まりです。ヤナギの蕾が冬の茶色い皮を脱ぎ、柔らかい黄色い花穂へと変わり、早い春の到来を告げます。過酷な条件から守られた場所では、暗い季節は終わったといって元気づけるスノードロップ（ユキマチソウ）が花を咲かせます。冬のスイカズラはまだ冷たい空気にそのほのかなレモンの香りを放っています。木々はためらいがちに新芽をのぞかせています。そして、木々や灌木は最高潮に達し、モクレンの仲間たち（magnolia、モクレン科）、アメリカハナズオウ（redbud、マメ科）、西洋ナシ、野生のリンゴ、そして、ニオイガマズミ（fragrant viburnum、スイカズラ科）の歓喜の大合唱が次第に高まり樹木園に響き渡って、新たな生が始まります。

日よけとなる葉が出てくる数週間前に、葉がまだ出ていない枝を通った光に照らされて、森の床では春の歌が穏やかに歌われています。メロディーは、白いキンポウゲ科の植物、ラベンダー、青、赤、白のエンレイソウ（trillium、ユリ科）、クレイトーニア（spring beauty、スベリヒユ科）のピンクの大群、青白いカタクリのスミレ色によって演奏されています。それらの花は、小さな斑点のある葉の絨毯の上に立っています。オランダ人のズボン（Dutchman's britches、ケマンソウ科）は、木の幹の側に寄り添って、日陰の斜面で白い一群をなして広がっています。吸い上げられた水から栄養を与えられた芽は樹皮を押し破り、淡い緑の新芽となり、葉を広げ、光を受けられるように陽の光の中いっぱいに伸びてゆきます。再び、彼らは古代からの使命を実行しています。空気、水分、栄養素はエネルギーの素となり、植物の生長の糧となり、動物の食べ物となり、人々の必需品と生活の喜びとなる素材に変えています。森の中を歩いていると、人はその音楽の中の一つの調べになります。

夏は、暑く不愉快です。蚊はウィーンと音をたてて人を刺します、そして魚は水面すれすれの虫を捕まえます。そんな夏は、緑に覆われたネットワークが土から木のてっぺんまで広がっています。庭では、バラや甘草（かんぞう）や花を咲かせる樹木が、緑の広がった中に色とりどりの音楽を奏でています。草原の草は、その根を地中に深く広げています。ウシクサ（bluestem、イネ科）は中西部の原風景を再現するように、人の背丈よりも高く伸びています。

８月の終わりは、変化を予告する調べを鳴らします。陽の光は違った角度から射してきます。葉は食料生産を止めて、そして、落葉に備え地中にそのエネルギーを戻す準備をしています。頭上では、色の不協和音を奏で始め、夏の終わりが近づいていることを宣言しています。最初に巻きついたツタの緋色が知らせ、オレンジ色、黄色そして紫、緑が続きます。カエデの森では、全部が金色に染まる魔法の瞬間が来ます。木々の中で、地上で、空気が豊かに震えます。そして、葉は落ち、色あせた輝きで地上を覆い、コバルト色の空の下に木々は黒いむき出しの姿をさらしています。

暗い針葉樹で縁取りされた冬の景観は、茶色、黒、灰色の抑えた色合いを帯びています。それは見分けようと思えば気がつく微妙な色です。

寒気と灰色の光とともに冬は襲来してきます。冬はほとんどのものは穏やかです。しかし、雪に残された足跡は、このような静寂の季節にも活動を止めていない他の生命の物語を語っています。

これが訪問者に一日で楽しめる、この樹木園のお楽しみ箱です。自然の長いリズムと変化は層をなしていますが、限られた時間の中でしか樹木園で過ごせない来園者は、ストロボのシャッターを小刻みに押しながら撮った写真のように断片的にしか自然の変化を見ることができません。しかしながら、それぞれは、言わず語らずのうちに全てを含んでいます。自然は、生命の多様性と連続性を暗に知らせながら、勉強したいと思う人たちとあらゆることを分かち合っています。

樹木園の景観には人々の心を回復させる特性があり、その重要さに人々は気がつき始めていました。環境心理学者であるハーバート・W・シュローダーが率いる心理学者たちと米国農務省林野部が行った最近の研究で、彼らは景観への反応をさらに研究するためにメンバーやボランティアに面接調査を行いました。調査参加者に、特色のある樹木園の写真に対する好みを言ってもらい、その後、彼らの好みの景観に関係する考えや感じたことや記憶について話をするように依頼しました。参加者はボランティアとガイドで、彼らは樹木園とその価値を非常によく知っている人々なので、このグループの人たちにとって、景観の自然らしさが最も重要であると考えられました。「森」が最も好まれた環境で、彼らに最も好まれたのは、鬱蒼とした自然の森があり、自然らしい木や灌木がある景色でした。刈り込まれた灌木や芝生のある、型にはまった景観を好むという意見は最も少なかったのです。もちろん、好みはその樹木園をよく知らない人や自然と協調する度合いによっても異なったかもしれません。

シュローダ－の研究に参加した人たちは雄弁に彼らの感情を語っています(8)。樹木園に宗教性を見出して、「大聖堂のように高くそびえる木々」とか「森では誰にも邪魔されることなく、魂が自由になり神に近づくことができる」と言う人もいます。自然の緑が作る景観は、やすらぎの感情を創造していると語る人たちもいます。その人たちは次のように話しています。

「自分の中に自然に起こってくる静かで平和な気持ち」、「壮大で、整然として、リズミカルな美」、そして「穏やかで生きた芸術作品を見ているような印象を与え、秩序と調和があって人を引きつける魅力があります」、「日常のお決まりの生活から逃げられることもいいなと思いました」、「美しさと平和、心ときめく場所であり、騒音、不安、人混み、不愉快な交通、混み合った仕事など日々の暮らしから隠れられる場所です」、「森は私に落ち着きを回復させ涼しく、静かな場所を提供してくれます」、「私は、ここは立ち止まり感覚を研ぎ澄ませ、今日の私の予定表から解放させて物思いに耽る場所だと思います」、「樹木園は、困難に遭遇したとき私にとっては、しばしば力の源であり、隠れ家でした」、「長時間にわたる景観の変化や活力に満ちた特性は重要でした」、「世界で何が起こっても、そして、あるいは冬がどんなに厳しかったであったかにかかわらず、これらの花が咲き誇るのを見ると元気づけられます」、「樹木園は驚きを呼び起こします。とても暗く神秘的です。興奮するし、美しい。森の暗がりから、突き抜けるような青空を見上げることができます」、「原生林では、その生息地域に有力となる力と神秘性を創造する強さと存在感があります」、「サトウカエデが黄金の輝きとなるとき、まさに幻想的です」、「他の人たちは人間の支配が及ばない力に面と向かうことを楽しみました」、「野生にある“基に触れる”のが私は好きです」、「そこは人間ではなく自然によって運命が定められているからです」、「早春の花は、自然には穏やかだけれども不屈の力が潜んでいることを私たちに教えてくれます」。

大都会の都市化された場所に静穏な隠れ家を提供することは、生活を優しく育むことです。これはおそらく樹木園の最も大切な役割でしょう。

ブローデル・リザーブ

シアトルの西に位置するベインブリッジ島には、島を訪れる人々に豊かな自然体験をしてもらうために、自然の中にさまざまな景観が作り出されています。幼苗が育っている古い木を伐採しつくした、気がめいるような森の跡に、ベイマツ（Douglas fir、マツ科）やアメリカツガ（hemlock、マツ科）やアメリカスギ（western red cedar、ヒノキ科）の再生林や花壇の連続が、緑の自然に関心を持つ訪問者の心の内側を気づかせる目的で創られました。「〔ブローデル〕保護地の主な趣旨は、植物と人々の関係で……〔それは〕楽しむためであり、そして感動的で美的な自然の経験から調和の価値や、生命や平穏を尊ぶことを学ぶ場所です[(9)]」

保護地とその哲学的な目的は、1950年に彼らの家を建てるために不動産を購入したプレンティスとバージニア・ブローデル夫妻の遺産です。彼らの家を建てているとき、67エーカーのアゲイト・ポイント農場を探索中に、財産である平原と森が彼らにとって個人的に深い意味を持っていることに気づきました。彼らが自然に深く入り込んで、そして自然と自分たちとの関係から得た洞察によって、ブローデル夫妻は1998年に自然の保護地をつくることを思いつきました。彼らの土地の一角を占める保護地の目的は、他の人々に「人によってつくり上げられた、あるいはその植物自身がつくった植物を楽しむ機会を提供することや、人々が保護地を歩き回って自然の経験を新たにして、自然界を認識する機会を提供することでした。要するに、保護地とは、自らが楽しんで自然の感動的かつ美的な経験から大切なことを学ぶ場所です」とプレンティス・ブローデルは言っています[(10)]。

見ること、匂いを嗅ぐこと、触れること、耳を澄ますことが保護地を訪れる人たちの基本です。植物に識別ラベルはついていませんが、多くの素敵な植物が生育しています。来訪者は初めのうちはラベルに記載された情報を読んだり、知識として処理したりすることに関心を寄せているが、すぐに純粋に自然を楽しむようになるので、ラベルの説明は五感をひらくことをかえって邪魔してしまうだろうと創始者は感じていました。人が庭園や野趣に富んだ場所を歩いていくにしたがって、心に幾度も響く視覚的な経験をしながら景色は常に変化しています。一連の「部屋」に通じるドアを開くようです。日本庭園を、森の小径を、シャクナゲの谷間、コケ庭、光の反射する池、小鳥の隠れ家を、そして、湖、小川、ピュージェット湾の見晴らしが展開しています。それぞれの光景は、訪問者が自分自身を内観するように、そして見えたものによって引き起こされる感動が反響するように工夫されています。高潔さと調和が広がってきます。人は、より大きな秩序の存在に気づきます。さらに、「人は自然と関係なく存在しているのではないこと、人はただ単に、信じられないくらい多様な自然界の一構成員であるという現実、自然は人間なしでも存在できるけれども、自然なしでは人は何もできない一人の構成員である」という現実に気づくようになってきます[(11)]。その保護地の至るところで自然と創造された景観とが注意深い釣り合いを保っています。その代表的な例（均整の取れた、また形式にかなった18世紀のフランス伝統様式のブローデル夫妻の家で象徴される創造された景観）が、そびえ立つ針葉樹が伐採された野生の森の原野にあります。

近くの庭と森の散歩道は、自然と造られた景色を巧みに組み合わせています。小径はピュージェット湾を見渡している絶壁を横切って一連の森のコース、過去に地上に降りた水の流れと滝を通り過ぎ、シャクナゲの谷に続きます。谷では､野生の草花､多年草､そして球根植物が繁殖し、その自然はたった一人のデザイナーが創っているように見えます。鬱蒼とした森を通り抜けると、人々がそれぞれ物思いにふけるために作られた場所に着きます。そこに建てられたゲストハウスから、日本の感性を反映した、太平洋北西部原産の岩と砂でできた石庭を望むことができます。背後の緑の小さな丘は、まるで山脈のように見えます。ゲストハウスの下のデッキからは、繊細な感性で計画された日本庭園が見え、そこには小さな池もあります。日本庭園に深い感銘を受けたブローデル夫妻は、そこに自然の中に生きる全てが調和した関係が表されていることを日本庭園で表現しています。

この保護地の大きな特徴の1つが、トーマス・チャーチによって設計された、水面にその周りの風景を映し出す池です。そしてそれは、景観設計家のリチャード・ハーグによって加えられたイチイの壁に囲まれています。生垣周辺の高くそびえ立つ常緑樹を見上げると、池が森の中に創られていることが思い出されます。200×30フィート（約61×9m）のシンプルな池はその横に置かれた湾曲したいくつかの木製ベンチを除けば簡素です。生垣の中にある開口をくぐって、訪問者はその場所に入っていきます。そして背を伸ばして池の長さを凝視することができます。イチイの側壁は人の目を、はるか先の端に誘います。そして、その端で緑の垂直な壁にぶつかります。この池の焦点がなくてぼやけているのは内面的な黙考を促します。床が静止した水でできている緑のこの部屋は、心が必ず落ち着く神秘的な環境を創っています。

計画されている全ての場所は、野生や自然の森と互いに補完しあい溶け込むように設計されています。地面にはシダや他の森林種が密生しています。柔らかくて茶色の常緑樹の針葉や樹皮のチップの小径が保護地の心臓部へと導いています。木々の枝葉を抜けて射す木漏れ日が、新しい植物のすみかとなっている巨大なベイマツの切り株を照らし出しています。タネは保護されている森の豊かで肥沃な土の中で発芽して、生長を妨げられた切り株から、その下で待っている土に根をおろしています。保育役の切り株が朽ちる前に新たな植物が生まれると、新しい植物は短い竹馬に乗っているように見えます。しかしながら、彼らが完全に自立する前にその切り株が崩れてしまうと、若木は嵐の中で吹き飛ばされてしまうでしょう。しかし、若木はたいてい生き残って、上へと生長を再開します。そして、そのうち崩れた切り株の後にその植物が位置を記すような小さな木立となります。ちょうどよいときに、崩れた切り株にその植物が生えた位置を印す小さな木立を残して、彼らの垂直方向の生長を助けます。ベイマツの土の上に落ちた丸太やレッドシダーもまた新しい植物を育てているかもしれません。通常、アメリカツガ、ベイマツ、常緑や赤のハックルベリー（huckleberry、ナス科）、シラタマノキ（salal、ツツジ科）、カスカラ（cascara、クロウメモドキ科）、メシダ（lady fern、メシダ科）、キイチゴ（salmonberry、バラ科）は、丸太の上や陰で育ちます。何年も後になって、倒木が朽ちた後も、木々や灌木は丸太がそこにあったことを教えてくれます。同様に、大きな葉が特徴の倒れた大葉カエデが生きていた間、その樹皮に彩りを添えていたエゾデンダ（polypody fern、ウラボシ科）を残して死に絶えて横たわっていたところに、その群落を見つけることができます。豊かな古い森はそれを聞きたいと願う全ての人に、命がよみがえる歌を謡っています。これこそが、ブローデル夫妻に対して雄弁に語っている景観です。「私たちは、単一の植物や繊細な森に生きる植物、苔、シダの群集、比類なき多様性のある世界、無限の争いの中での生き残った全ての場面を見つけました。そして植物の活力に興奮しています」とブローデル夫妻は記憶に留めていました。「植物は、色や手触り、形が調和するよう生育し、朽ちてゆくことに私たちは気がつきました。私たちは植物が朽ちていくときの壮大さを発見しました。アメリカツガ、スギ、ハックルベリーの若木の宿主となって朽ちている丸太が、ボロボロの小片になっていく姿を見ました[(12)]」

この保護地の本質は、その視覚的な設定が、それを見る人たちの心や精神に響くことによって気づいてもらうことです。保護地は美しさと静寂を訪問者が見つける場所になるように願っています。自然の魔法や神秘性を感じ、そして外の世界とのつながりを絶つ空間です[(13)]。ブローデル夫妻は直感的に人々と緑の自然との関係を理解していました。その関係は人間の精神や心に注意を向け、尊敬の念や社会的責任、他人を思いやる気持ちを養うように導くことができると感じられます。ブローデル保護地は、穏やかに黙考するときに、訪問者に自然の一部である人間の役目についてのより深い課題と向かい合うように意図されています。植物と人々の相互関係を長年研究している私は、この特殊な目的のために創造されたこのような場所を他には見つけることができませんでした。

ウォルト・ディズニー・ワールド

毎年何百万人もの人がフロリダ州オーランド近くのおとぎの国へ大いに魅了され、楽しむためにやってきます。おとぎの国では、どんな悩みも消えていきます。そしてそこでは植物で形作られた巨大なタペストリーのミッキー・マウスが顔を輝かせて歓迎してくれます。おとぎの国では一年中、3000を超すベゴニア、アルテルナンセラ（alternanthera、ヒユ科）、パンジーあるいはアリッサムが咲き誇り、入場者を歓迎しています。いろいろな色彩が、建築物から、旗、植物そしてディズニーのキャラクターの衣裳によって色の祭典を繰り広げているようです。お城、古い風格のある建物、未来的な建物、お化けが出そうなビクトリア時代の大邸宅、こぢんまりとしたクリスタルパレスは全て花や灌木、木々や芝生、そして噴水に囲まれるように建てられています。

植物は至るところにあります。花壇は入り組んだ花のパターンに渦巻いて、そしてエメラルドの芝生に宝石のように花が咲いています。目の高さにはハンギングバスケット、色のついた滝のように下に伸びたツタ植物、花づなで飾ったランプの柱、そして木々があります。緑のトピアリー（樹木や低木を刈り込んで作成された造形物）で作られた動物は、そこら中をはしゃぎまわっています。玉の上で象がバランスをとって一列に並び、とぐろを巻いている海ヘビ、踊っているカバやアヒル、白雪姫と７人の小人たち、そしてメリー・ポピンズが、お決まりの傘を持っています。おとぎの国に植えられた植物の全てが、私たちの心の奥に響くメッセージを届け、このファンタジーランドの楽しみを約束してくれます。

このリゾートの至るところ、植物は地理的環境の特徴づくりに役立っています。ビッグサンダー・マウンテンでは、南西部の砂漠の景観が、

東京ディズニーランドのメーン・ゲート

ユッカ・エレファンティペス（spineless yucca、リュウゼツラン科）、テキサスエボニー（Texas ebony、カキノキ科）、メスキート（mesquite、ネムノキ科）、タマサボテン、ウチワサボテン、ジャンピング・チョーヤ（jumping cholla、サボテン科）、ベンケイチュウ（saguaro cactus、サボテン科）を主役にしています。ミシシッピ川を模した池の中にあるトム・ソーヤの島は、その地域の自生種や似つかわしい植物によって独特の雰囲気を醸し出しています。カエデの大木、モミジバフウ、カシ、マツ、アメリカスズカケノキは地表に出ているシダやオレンジ色のピラカンサ（pyracantha、バラ科）のために緑の背景を創っています。シダレヤナギは水辺に映し出されています。ジャングル・クルーズは入場者を、合図に合わせて出てくる実物そっくりなワニや原住民の狩人やゾウなどの「住人」が待ち伏せている熱帯の密林の中に誘っていきます。その密林には竹、巨大なヒロデンドロン、花をつけているラン、アナナス（bromeliad、パイナップル科）やキフゲットウ（shell binger、ショウガ科）や、そのほかのエキゾチックな植物で演出されています。

景観は語り、その物語での舞台背景となります。ミッキーのスターランドでは、建物のスケールが小さめに設計され、まるでアニメーションの世界のような雰囲気をつくり出しています。全ての構造物——ミッキーの家や農場の建物（本物のヤギが屋根に乗っている）は、スケールを小さくすることで子どもサイズの世界を、リアルにしています。植物はこの優しい共同謀議の一部です。小さいミッキーの家の大きいプランターの丈の短いハイビスカスは、大きな赤い花を見せびらかせています。同じような仕掛けで、大きな虹色に輝くガーベラが生垣に沿って小さめの野生の白いデージー（ヒナギク）の代わりをしています。花壇に植えられたケイトウの花は、まるで小さな植物から現れ出たパステルカラーのトサカのようで、その光景があまりにも不思議なので、子どもたちは思わず触らずにはいられません。

ミッキー・マウスの緑化モニュメント（東京ディズニーランド）

ミッキーのスターランドの隅っこに、グラニー・ダック農場があり、その規模は子どもサイズですが、実物大のトウモロコシ、ナス、カボチャ、ヒマワリが育っています。それは、野菜はスーパーマーケットで作られていると思っている子どもに対しては驚くべき新事実です。子どもたちのお気に入りの場所はなんといっても迷路です。イチジク族（Ficus repens、クワ科。イチジクノコギリヤシ）の木が迷路をなすように植えられ、その緑の壁には、季節ごとに色鮮やかな花が飾られています。意図的にその迷路の各所に作られているのが、パッと消える噴水です。霧の玉が不規則な時間パターンで魔法のように1秒間現れます。

トゥモローランドは、全てがハイテクの世界をイメージできるようになっていることが､花壇やヤシや他の木々の未来的な設計によって､はっきりわかります。ヤシは構造上、自然な形の生長をしていました。しかし、他の木々は、幾何学的な形に刈りそろえられています。プランターには、顕花植物の素材が現代的な色彩や周囲の建築物の鋭い線を反映して直線的な形になるようにあしらわれています。

エプコット（Experimental Prototype Community of Tomorrow、実験的未来都市）のワールド・ショーケースには、それぞれの国際的な意味合いを示す場面を反映して注意深く植物が選ばれています。カナダ館の庭園には、一見北国に見られる植物のようで、実際はフロリダの気候で育つ植物が、植えられています。ヒマラヤスギやイブキ（Chinese juniper、ヒノキ科）が、亜熱帯気候では生きていけないモミやトウヒの代わりに植えられています。モロッコ館の庭園では、サハラ砂漠の端にある国の農業の重要性を強調しています。ナツメヤシ､柑橘類､オリーブ、ザクロ、ビワ、バナナの木が植えられ、その足元にはペパーミントやバジルや季節の野菜が栽培されています。各国の展示館を結んでいる通路には、さまざまなパビリオンや庭園に視覚的な一体感を持たせるために緑のクスノキが立ち並んでいます。

フラワーショーの至るところで、植物が入場者に「お話ができるようにさせる」特殊な感受性を持っているディレクターのケイティ・モス・ワーナーからの合図を待っています。「パーティーが大好きな植物」は自分たち自身を、「ヘイ、私を見て！」「ワッ！」と叫びながら知らせています。トピアリーの動物と意図的に配置された花壇にはお客様を歓迎するのにふさわしい明るい色彩の花が咲いています。「話しかける植物」は優しく話します。手入れされた、雑草のない芝生、木陰を作る大きな木々、そして、公園の至るところの緑の植物のいろいろなトーンや質感の植物、その全てが､「ようこそ、ここは楽しいかい？　どうぞゆっくりしてください」と言っています。
「ささやく植物」は第1に、植物学や園芸に深い興味を持っている人と話をします。わずかな特徴——普通と違う形や樹皮や葉——で、「ささやく植物」は詳しい観察を誘っています。「もっと側に寄って見て！私は違うのよ、私はあなたが今まで見たこともない特徴を持っているのよ」。ささやく植物とパーティーが好きな植物がランプの柱から吊るされている明るいハンギングバスケットの中で寄り添っています。——特に、地面の花壇がたくさんの人波で楽しめなくなっている日には、ハンギングバスケットを使って、いろいろな花の色を空中に彩りを添えています。「パーティー好きな植物」は注意を引く大胆な色の組み合わせで選ばれるのですが、空中に彩りを添えるハンギングバスケットは、本来「ささやく植物」の園芸の妙技なのです。

音も匂いもまた、ささやく仲間になれます。モロッコ館の庭園では、毎朝、ミントとバジルのハーブの花壇でその香りを解き放つために、あえて葉を軽く傷がつけられます。ケイティー・モス・ワーナーは、地理的に親和性が高いことと、種の保護に焦点を合わせて植物を展示することを考えています。「パーティーが好きな植物」や「話しかける植物」を楽しむために来るのを彼女は観察しています。「しかし、入場者は稀少植物や絶滅危惧種のラベルに出会うときは、大喜びさせられます。それらは植物界の中の多様性もまた大切ですと人々にささやいています」

ウォルト・ディズニー・ワールドの庭では、植物が特別な役割を果たしています。全ての植物の素晴らしい維持管理と施設の清潔さは高品質を伝えるささやきであると考えられるでしょう。そのささやきを無意識に感じて来場者はゴミを捨てないようなマナーのある行動をします。

公共物の破壊行為は、このような美しく維持管理された公園ではまれなことです。役者として、植物はピッタリのタイミングで「舞台に」現れなければなりません。12月には、花壇やバスケットや懸崖づくりの１万もの菊が一晩で撤去され、そして園芸担当が昼夜を分かたず作業して、それらを１万本のポインセチアに植え換えます。次の日の開園時には、園内の全てがクリスマスの季節を宣言しています。

これらの3つのアトラクションをつなぐ1つのテーマは、入場者の体験です。多くの人にとって、自然の中にいることは、ほとんど自覚することのなかった心の内部に残された感覚を呼び起こします。私たちの目にしたものに対する感情が、まるでかすかな光の知性のどこかに灯ります。私たちは少なくとも2つのレベルで機能しています。1つは、私たちが問題を解決するときのように、推論する努力からもたらされる考えであり、他の1つは、私たちのより高度な知的プロセスとともに人間の中で進化してきた無意識的に体感するということです。

このことをうまく説明することは長い間の多くの研究分野——哲学、心理学、宗教、医学、芸術が探し求めるものでした。それぞれ、「未知の自己」の上に1つの窓を用意しています。魂、精神、直感、反射は、中に横たわっている反応に関するいくつかの前提条件です。緑の自然と人間の特性との間の微妙な関係を探求すれば、それを通して、複雑な自分自身を理解するための視点、そして学ぶ入り口であり、私たちがいつも日常使う知識の隠れた源に気づくことができるのです。

知ることの他の方法

私は何回も、意識的に考えた結果ではない自然との体験について言及してきました。「私の心が躍る」のは、繰り返し発生する、意識的に考えた結果ではない例です。情緒的な部分が強いときは恐れ、恐怖、または喜びに、私たちは十分その存在に気がつきます。他の機会では微妙で、もっと特定するのが困難な屋外、森の中を歩いて過ごした後の幸せ感のような微妙な感覚に意外と気づかないものです。この感覚は知的なものではありません。これははっきりと識別できる気持ちです。しかし、もし、私たちが本当に注意を払っていなければ、気づかないまま過ぎ去っていくようなものです。重要な点は、それは認識できないということです。私たちは思考が初めにあって、それから感覚を経験するのではありません。それはただ起こるだけです。同じように、しかし、より感情的でなく、感覚的に景観に対して内面的に反応します。そして、我々は、いつも開放感のある森や景観の外へ向かって曲がっていく道や、あるいは部分的に隠れた光景を好んでいます。景観選好を研究する人々は、初めはどのように彼らが選択を決めたのかを説明できないことや、本能的に決めたことを議論しました。この直感は常にどこでも働いています。

私たちは知っているということを、どのように知るのでしょうか？

私たちは情報のかけらを加えることができ、そして帰納法的推理を通して１つの結論に至ります。私たちは梯子の下を歩くことは危険であると理解することができます。特に、梯子の上に立って壁のペンキを塗っているときは（演繹法、演繹的推理）よくわかります。あるいは、私たちは直感的に知ることができます。虹あるいは美しい光景を見ると私たちにはその直感が働きます。

この章では、自然を観察することから起こる経験の種類について述べようとしてきました。しかし、このような記述は出来事の薄っぺらな要約以上にはなりえませんでした。それはチョコレートアイスクリームを食べるようなものです。人は、舌のクリーミーで滑らかな質感、口の中で冷たく溶けていく様、最後の飲み込みの後に残る味について記述できますが、言葉の記述では満たされません。チョコレートアイスクリームを知る唯一の方法は、実際に食べてみることです。

一度それを食べれば、あなたは言葉で説明しきれない細かい点まで、その全ての機微を思い出すことができます。それは、好ましい景観を体験することと同じです。チョコレートアイスクリームコーンを注文するように単純なことでは全くありませんが、私たちはそのような環境に私たちが反応することに気づくようになれます。その際、肉体的な反応は、きっかけを作ってくれます。

モートン樹木園の私たちの家には、湖を見渡す大きなガラス窓がありました。窓は南を向いていました。特に、夏の間は、太陽の強い熱が室内に溜まっていました。私は、湖を見る眺めに邪魔になるだろうと考えてはいましたが、樹木は日射を少なくするだろうと考え、居間兼食堂の前に木を植えるように園に依頼しました。木は植えられ、それから私たちは水を見るのに枝を通して見なければなりませんでした。しかし、それは視界を損なうどころか、その木は窓からの眺めをいっそう美しく見せていることがわかり、驚きました。

この予期せぬ展開に私は好奇心がそそられました。そして私は樹木園の中を歩くときに、この方法を試みるようになりました。私は、一連の場所を選びました。最初は木の陰から目を凝らして見て、それから、わきへ移動して遮られていない光景を見ました。（私がこの行動をしている間、他の人からは奇妙に見えたに違いありません。）私はすぐに、位置を変えることによって自分の中で微妙な、それでいて本能的変化が起きたことに気づきました。ほとんど直感的な私の中での移動です。ともかく私は景色の中の違いを本当に感じることができました。景観に伴う感性に気がつくことができることを学びました。そして、それを注意して見ることを始めました。一度認識すると、私は頻繁に内部から強く引かれるのをはっきりと理解できました。それは私が樹木園を歩いているときに、いつも起きました。しかし、とても主観的で、私が本当に体の中心に「耳を傾ける」と、やっとそれに気がつく程度のレベルでした。この種の啓示は「直観的な感覚」と表現されるものによって意味される何かであり、確かに存在します。

樹木園のスタッフであるナンシー・スティーバーが景観の体験について語るために私を彼女の水彩画の教室に招いてくれました。彼女の生徒の何人かは、描く自分のモチーフを選定することがなかなか難しいとわかり、彼らは最終的に満足できる風景を見つけるまで転々と移動していました。彼らの決定に知性を働かせることよりも、芸術家が彼らの内面の自分自身に耳を傾けることを学ぶべきか、そして彼らの直感が彼らの描くべきものを決めさせるのかどうかわかりませんでした。これは、私が最近発見した感覚に、彼らも気づくことを、私が手伝えるかどうかの挑戦でした。

活動内容を紹介すると、次にようになります。私たちは少し散策して、私たちの中にいる「思想家」をやめて、「経験者」として自由に行動してはどうかと私は彼らに言いました。私たちが最初に足を止めた場所は、大きな草地のはずれの低く枝分かれして広がっているサンザシ（hawthorn、バラ科）の下でした。クラスの生徒に私は、緑の樹冠の下で、木の幹のそばに立ち、ゆっくり開けた樹冠の外へ歩いていき、木の下から野原へ移るときの彼ら自身の中の感情の動きを見つけてみることを試すように誘いました。彼らが実際に変化を特定できるまでに、4回試みました。次に、高いところで枝が分かれているニレ（elm、ニレ科）の木から始めて、私たちはその課題を繰り返しました。私たちは、低く枝分かれしているサンザシの下と、ニレの円天井のアーチの下にいることがどのように違って感じられるかということに気がつきました。そして、空間の変化に対する私たちの反応を経験するために開けた野原へ歩いていきました。

教室はソーンヒルで行われました。それは石造りの平屋で、スロープの上にあり、木々に囲まれた芝生が植えられています。私たちは、木々や灌木が植えられていて、部分的に建物を遮っている側から歩き始めました。それから、草地に入って行くにつれて、その正面が全部生徒たちに見えるようにました。私は生徒たちにどの光景が一番楽しめたかを決めるように頼みました。彼らは、神秘的で、ソーンヒルが植物によって部分的に遮られている光景が好ましいということを知ってびっくりしていました。

私たちは場所を変えて実習を継続しました。小さな森に歩いていって、そこへ入るとき出るときの感情の違いを書き留めました。一方が曲がりながら下って森に続いていて、他方が建物に向かって丘を真っすぐ登っていく道に立ちました。どちらを彼らが好ましく思ったでしょうか？
ほとんどの瞬間的な選択は、曲がっている道でした。私は選好の研究で高く評価されたであろういくつかの場所も含めました。毎回生徒たちは、彼らの直感で選びました。教室が終わるまでに、彼らは景観の設定に対する身体的反応、人の直感に気づけるようになると確信しました。

1週間にわたる講座の終わりに、ナンシー・スティーバーは私の授業の生徒たちに及ぼした効果を説明してくれました。授業の前には芸術家たちは、“正しい”光景捜しに知性を働かせるために、しばしば何日も費やしていました。その後、彼らの感情に耳を傾けることによって彼らの主題を素早く選ぶことができるようになりました。そして、完成した水彩画の作品では、ソーンヒルのその光景に対して、より深い感謝の気持ちが表現されていました。

このことは、右脳—左脳が違う役割をつかさどっていることを実証していると思います。左脳は認知的に知覚情報を体系づけますが、一方、右脳は創造的であり、知覚情報を直接的に経験します。私たちが行った演習は、脳の右側で考えることを私たちに教えました。私は、この演習を多くの教室で繰り返してきましたが、数少ない実習で、ほとんどの人々が彼らの直感に“耳を傾ける”ことができるという同じ結果が、いつも得られました。

ハーバート・シュローダーは、樹木園の授業に新たな視点を持ちこみました[(14)]。私たちが認識するように学んできた「体の経験」らしきものは、シカゴ大学の心理学者であるユージン・ジェドリンによって検討されました。彼は、それを「フェルトセンス（felt sense）」と呼んでいます。そして、「直感によって頭ではなく身体で経験し、ある状況、ある人、そしてある出来事を身体で認識することです。あなたが感じ、そして与えられた時間で与えられた課題に関して、感じて知るあらゆることを包み込む1つの内面的なオーラの独特な雰囲気——詳細よりすぐさまそれを包み込み、そしていっせいにそれをあなたに伝えます。もしあなたが好むなら、それがどんな味か考えてみてください。または、力強い衝撃を感じさせる偉大な音楽の和音か、大きくて丸いぼんやりした感覚と考えてもいいのです[(15)]」としています。ジェドリンは、その感じたままの反応を、心の本質に触れる方法として心理療法に用いました。

人は、実際の風景の中にいなければならないことはないと、シュローダーは示唆しています。「あなた自身が深い静かな森の中にいて、それから開けた日当たりのいい草地にいることを単純に頭の中で想像することによって〔その〕変化を感じることができるでしょう……さらに良いのは、いくつかの屋外の風景写真を見ることによって、あるいは、実際に木々に囲まれた場所から空に開けた場所を行ったり来たりすることによって変化を感じることができます[(16)]」

重要なことは、内面の自分に耳を傾けることです。あなたがしていることを分析しないように、ほんの少しの実践によって、あなたはあなたのフェルトセンスに気づくでしょう。

一度それを認識したら、違う環境でそれを試してください。木々を通して建物を見てください。そして続けて、遮られていない山の光景と木の枝を通して見た光景とを比較してください。フェルトセンスの意味はトニー・ヒスの同時知覚に、いくらか似ています。「場所の経験」のところで、彼は、ニューヨーク、ブルックリンにあるプロスペクト公園を横断しているときの同時知覚の影響について述べています。私は、トニー・ヒスの記述をガイドブックとしてその道を歩いてきました。そのガイドブックを私たちの周りの環境に、体験を通して主観的な感覚に慣れ親しむようになる、もう1つの方法として私はそれを強く勧めています。

私たちの主観的な感覚は緑の自然を経験から得られた知識として描いていますが、それらを構成している種々の要素が営利的に利用できることに気づくと、緑の自然は一時的な利益や「社会の善」のためには巧妙に扱われ、経済資源となります。この光景は、社会の一時的な欲望を満たしはしますが、人類の行動を長期的な対価を無視する危険なコースに導いています。

> 自然の環境を人間の便益のために巧みに扱うことは必要です。そして、ある程度は適切です。しかし、もし、この態度が極端に進められたら、私たちは、自然は思いどおりには操れない関係であると

いう意識を失います。私たちの自由にならない自然の中にある喜びをつかむことができなかったり、あるいは掴もうとせず、私たちは、科学的かつ経済的な話をするのは正当であり、利益だけ求め、環境に向かって支配的になり、操作的になります。

私たちの経済的な計算は、私たちを木々や森を育てるのではなく道路や駐車場やビルを建設するように仕向けています。私たちは増加するストレスや環境からの疎外感、狭い自己中心的な目標以外のどんなものとも関係を作ることができない、高い代償を払っています。私たちは、非常に多くの人たちが失っているものに気づいていないために、この高い代償を払い続けています[17]。

ニール・エバーンデンは、自然と人間的価値との間の差異を描くために、空間の概念を用いた環境哲学者です。「空間は中立で計測できて容易に地図に閉じ込められる」と彼は意見を述べています。「場所は、個人の関与に依存し、人間の中にしか存在しないので計測できないのです。場所、美しい場所は生きている人間によってのみ感知できます[18]」

彼は、資源としての自然の扱い方に関する誤りを理解するように、私たちの手助けをしています。それをポール・シェパードは、「自然を資源として活用することは、実は自然を破壊するほかになりません。ですが、このような考えをする人は善良で、堅実で、寛大で、先見の明がある人と思われているため、自然破壊は知らぬ間に進行しているのです。そして彼らは表面上は利他主義を唱えているにもかかわらず、世界が、そして人類が破滅に追いやられています」と語っていました[19]。

私たちは本能的に緑の自然を資源ではなく、経験として捉えています。私たちは自然を支配し、巧みに利用する必要はありませんが、社会の文化と経済的ゴールを達成するために、自然と一緒にあるべきです。

4 章

Participation with Green Nature : Gardening

緑の自然と庭仕事

被爆樹クスノキ（広島城の北端）

私は土の匂いが好きです。私は草の匂いが好きです。私は草花を植えるのが好きです。それらが育つのを見守るのが好きです。私はひざまずいて手にいっぱいの土を持ち上げ、そして言います。これは自然だ。これは神のものだ。――ビクトル・ポマー＝マサセッチュー州ボストン、ロックスベリーのコミュニティ園芸家

いのちのそばに

これまでの章では、自然の緑を観察するときに、それを見ることによって、匂いを嗅ぐことによって、そして触ることによって、どのように私たちが影響されるのだろうかということについて考えました。もし、私たちが命ある緑を創りだすことに個人的に関与した場合、その反応はどのように変わるのでしょうか？　私たちがタネを蒔いてから、最初の双葉が出てきて、それらが十分生長して、花を咲かせ果実をつけるまでその植物を育てているとき、何が感じられるのでしょうか？　身も心も参加したときは、受け身でただ見ているだけの人よりは、一層身近な植物と人間の関係を創りだされ、より深いレベルの経験ができます。最も親密な植物と人間の関係は、ガーデニングのときに起こります。そこでは、私たちは緑の自然を手入れするために体ごと参加しています。私たちは水をやり、肥料を与え、芽を摘み、支柱で支え、そして、植物が無事に育っているかどうか、葉の色や大きさを注意深く観察します。

私たちは、主体と客体という言葉で語る世界を理解するように教えられてきました。私たちが植物と人々の相互作用の中に描こうとしているものは、一体性、植物と人々が一緒に結びつくこと、人間の人間以外のものとの経験です。鏡の国のアリスが鏡を通って外に出たとき何が起こったかを考えてみてください。見慣れたものが違った状況で活気を呈しました。トランプ一組が人々に変わり、フラミンゴがポロで使うマレット（ボールを打つ木の棒）に変身させられ、ハリネズミがクロケットのファンタスティックな試合のボールになりました。だから、また、もし、植物から人々を隔てている鏡の向こうに足を踏み入れ、個人の反応に耳を傾けたら、そこでの経験が思ってもみなかった新しい世界を創りだし、そこにいる私たちを発見するでしょう。それは、緑の自然と人間の特性が結びつき、お互いに影響しあう絆になります。

現実の庭と精神的な庭

庭とガーデニングを考えるとき、私たちは２つのイメージを認識します。最初は現実の庭です。三次元的な世界の馴染みの花、木々そして灌木。２番目は「鏡を通して」発見される精神的な庭です。――物質的でなく、めったに知覚されず、無限の心の中に起こります。この２つは互いに影響しあって、その結果、重なり合います。もし、ガーデニングとは何なのかと聞かれれば、私たちはすぐ、「植物たち」と答えるでしょう。水を与えられ、肥料を与えられ、芽を摘まれ、植木鉢に植えられ、丹精込めて育てられ、悪態をつかれながらも愛されて――植物は君臨しています。しかしながら、ガーデニングにおいて植物を中心にする考えは不完全です。ゼラニュームを鉢に入れたことや、芳しい花壇を手入れしたことや、野菜ポットの雑草を抜いたことがある人なら誰でも、もっと多くのことが含まれていることを知っています。誰のために園芸書が書かれ、植物協会や園芸クラブが設立されているのでしょうか？　考えてみてください。植物が、彼らが誰であるかを知るためにか、あるいは、人々がお互いに特殊な植物に関して意思疎通するためにラテン語の名前が発明されたのでしょうか？

人々の興味を満たすために、タネは探され、発見され、宣伝され、繁殖され、買われ、そして売られました。園芸（学）やガーデニングは人間が創りだしたもので、植物に熱中する人なら誰でもを受け入れる傘です。植物は人を必要としないのですが、人は植物なしでは生きられません。もし、花や花壇や、そして全ての緑の自然を、人間の視点で理解されるべきだとするなら、緑の自然が私たちの中にもたらす多くの感覚を考慮せねばなりません。植物は、物理的そして化学的な特性を持つ１つの物体で、特殊な装いで現れる物質の集合体と考えることができます。花壇の明るいピンクのヒャクニチソウは、生命の機能を果たす葉や茎や花になっている分子で構成されています。それは生物学的な実体であり、誰かがそれを見るまではそれ以上の存在にはなれません。そして、人がこの植物に目を留めた途端、「わかった！」、原子も、葉も、茎も、花も人間的な意味合いでいっぱいです。もはや、ヒャクニチソウは単なる三次元の物体ではない概念に、つまり思考と感情を呼び起こす刺激に変えられています。

抽象的にはヒャクニチソウは希望の航路標識に、あるいは、隣人を知る手段になりうるのです。このような植物学から人文科学への変化は、精神的な庭の中で継続的に起こっています。私たちが一度鏡から踏み出すことが上手になれば、私たちはそれらの重要性を日常生活の中で理解することができます。

大昔、冬から春を通して夏至に至る地球の旅は、太陽の位置によって計算されました。初期の暦には、間もなく来る植えつけの季節に関して人々に準備をするように注意を喚起する儀式や祭式の日付が印されていました。今では、春の訪れを私たちに気づかせる特別な儀式はありませんが、地面が冬の寒さに閉じ込められている間に、毎年の現象がガーデナーに春の到来を告げます。それは心をワクワクさせ、心の準備を次々と始めます。この現象はタネのカタログの到着を意味します。そしてカタログに記された約束された恵みは、凍った土や単調な景観や、日照不足を忘れさせてくれる解毒剤です。輝く花や完璧な形と色の野菜と果物の写真を見ると、私たちの脳は、なぜか刺激されます。私たちは何ヶ月も続く旅に出る計画をします。何を植えるかを計画し、植物を植え、庭の手入れをする、そんな旅に。強烈な緑の幸福感の中で私たちはきっと楽しみがあると期待しています。このような楽しい興奮の連発が、ギラギラ輝く太陽の下で汗をかくこと、花アザミを掘ったり、引き抜いたり、貪り食うナメクジを捕まえること、垂れ下がる茎を支柱につなぐ苦労を打ち消します。私たちが精神的な庭を耕すとき、全てが輝いているのです。

恋人たちの口づけのように、園芸は、現実の行動のようにたくさん、想像の中で楽しむことができます。カタログを読みふけっている日々は、これから先に待っている楽しさへの期待を高めます。ひょっとしたら、頭の中で想像する園芸活動は、庭の狭い土地での活動より多くの活動が起こるかもしれません。私たちは、土やタネ、植物、花、野菜そして果物を触ったときの感触や匂いを知っています。しかし、それらの想像の中の相手について何が理解されているのでしょうか？　それは、今年庭を造りたいなという願いの単なる一滴から始まる思いや感情の流れなのでしょうか？

植えつけの季節が近づくにつれて、その楽しい、曲がりくねった流れはカレンダーを通して私たちを容赦なく引きずりこむ敏速な流れに変わります。順調に進んでいる最良のスケジュールも台無しになることがあります。例えば、大雨で土を耕すことができない日や、寒さでタネが発芽しないこともあります。薄暗がりに潜んでいる目に見えない害虫によって、柔らかい新芽が食べられることや、青々とした元気な葉にぞっとする跡が残されることもあります。そんなあわただしさの中、静かに小さな渦が起こります。そこでは、私たちは褐色のタネが青々とした淡い緑の新芽に変化しているのに驚いてためらいます。真夏にその流れは冷静さを取り戻して、浅瀬になっていきます。私たちは安堵して、その急流に乗った結果を満喫することができます。

この毎年の旅の騒々しい喜びは、園芸に関係する全てが刻み込まれている私たちの脳の中で起こります。それは、育てていることの感覚、何か新しくて生きているものを作る誇り、自然とつながっていることの心地よさです。このように、この活動の人間的な側面を理解するためには、私たちの精神的な庭は、実際の庭と同じくらい現実的であることを認めなければなりません。精神的な庭は、隠された感情が蓄積する場所となり、感動の源となることができます。私たちの心の準備ができていない瞬間が来ます。それは、突然、ライラックの香りが、土を壊して出てくる苗木のほんの少し顔を出した芽、水の音で、私たちにどっと押し寄せます。私たちの反応を分析するのを止めたときに限って、この体験は突発的に起こります。考えに先んじる感情は、ものごとを認知する感覚が支配しているところとは違うどこからか生じてきます。

これらの反応は捕らえたり、定義したり、分析したりすることは困難です。私たちは何が自己認識の重要な源なのかを無視して、それらを単に日常生活のスタイルを妨げない感情の一過性の線香花火だと受けとめています。そのような心を動かされた瞬間は、私たちの内部の自己の重要な側面を探検し、正しく理解するための道を開くことができるでしょう。

庭仕事のプロセス

庭仕事を花、野菜、木々、灌木あるいは芝生といった目に見えるものを生み出す１つのプロセスであるとすると、人間にとって庭仕事がどんな意味を持つのかが、もっと明白になるかもしれません。鏡を通り抜けて植物を新たな視点から見れば、園芸家が植物を育てている間に経験するものを見つけられます。タネが土に委ねられる前から、そのプロセスは始まっています。それは最初のわずかな兆し、「多分私は、庭を造るだろう」から始まり、そして、それ以降の全ての思考まで続きます。播種から成熟した植物の開花までに起こる考え、行動、反応（発汗、激怒、そして時々、歓喜）につながります。

庭を計画するときに私たちの心を駆け巡る競争は、最も簡単にわかることです。私たちはその大きさや場所について論争します。どの植物を植え、どのようにそれらは配置されるべきか、どの品種に私たちの宝の王国に花を咲かせることを許すのか。そのような構想は、私たちが大切にしているボタンやキュウリを育てているときに、心に生まれる副産物だと考えられるかもしれません。実際の活動としてのガーデニングと心理的な経験としてのガーデニングとの違いは、園芸家がすることと園芸家が感じることとの違いです。私たちは、後ろへ下がって、緑の自然を観察し、そしてそれに反応する園芸家として私たち自身を一歩下がって認める新たな視野を得なければなりません。庭仕事が植物と人との結びつきであり、人間と自然の関係はお互いが利益をもたらす共生関係であると考えられるとき、人間にとっていかに大切であるかが明らかになってきます。この視点から庭仕事をとらえることにより、私たちは心に描かれたおとぎの国に入ることができます。そこでは庭仕事に関するありとあらゆることが心に刻まれ、まるでタネを蒔き、植物を育むようです。それを通して私たちは、植物との相互作用の中で見つけられる、信じられないくらいの豊かさに気がつくようになります。庭仕事は、土の中で作られるものがあるから愛されるばかりでなく、それが報いてガーデナーに喜びが与えられることからも愛されています。その感覚の世界は、１月の夕刻に、輝く魅惑的なカタログを食い入るように見るときと同じような価値があります。

心の平和――やすらぐ気持ち

1976年、心理学者のレイチェル・カプランと私は、人々がガーデニングで見つける喜びのタイプを詳しく調査しました(1)。アメリカ園芸協会（AHS）の「植物と人間に関するプログラム」の一部として、私たちは２ページにわたる質問を協会メンバーに送りました。ガーデニングに関する満足度に関して、園芸的なもの（新しい種類の植物を試みること、変わった、あるいは普通でない植物を育てること）と、人間的なもの（自分自身の食べ物を生産すること、植物が育つのを見ること）に関する36の記述が９つのカテゴリーに分類されました。そのアンケートでAHSの会員に「あなたは、どんなときにガーデニングから満足を得ていますか？　あなたにとってそれぞれの満足はどのように大切ですか？」と質問しました。

私たちは、1000の回答を適切なサンプルと考えました。その質問は会員たちの心の琴線に影響を与えたに違いありません。AHSの会員は質問への答えを完成させ、4297もの調査結果をもたらしてくれました。中には、回答を広げて、ガーデニングに対する彼らの感動的な反応を述べた手紙も含まれていました。彼らのはっきりとわかる熱意は私たちの質問の範囲を超えていました。レイチェルとスティーブン・カプランはこれらの回答に対して次のようにコメントしました。「ガーデニングの重要性が多くの方法で述べられています。いくつかは雄弁に、いくつかは簡潔に、期待といくつかの悲しみとともに、そしてその他は明らかな使命〔ニンニクを育てよう〕とともに書かれていました(2)」

アメリカ園芸協会は長期にわたって植物に関する多種多様な情報をその会員にもたらしてきました。しかし、この調査は新しい扉を開きました。すなわち、園芸における人間味に関することです。園芸家たちは自らの気持ちを分かちあいたかったのです。AHSの会員は園芸的素養を持っていましたが､彼らが最上と評価する「満足」は一番美しいバラを、あるいは、珍しいボタンを育てていることではありませんでした。やすらぎの内部感覚を達成することです、という回答でした。回答者の60%以上が、ガーデニングに対して「穏やかさと静寂」を彼らの最も重要な報酬と捉えました。

レイチェルとスティーブン・カプランはまた、調査に参加するように有機園芸と農業の読者を招待しました。そのグループは、「AHSの参加者よりは、若く、明らかに低所得で、花よりも野菜の関心が高い傾向がありました(3)」。それにもかかわらず、AHSの会員よりも、このグループのほうが、やすらぎと静けさがガーデニングをするうえで大切なものであると高く評価しています。心理学的な幸福を強調するガーデニングの効用は両方のグループに共通していて、広範囲にわたる条件でガーデニングの意味を何度も何度も調査するたびに、心の安寧が表現され、それは、私たちが見つけたものでした。

自尊心の高まり

精神的にタネが発芽し、新しい葉と茎ができ、花が開花し、果実を熟成させること、実際に庭を造ることの本当の意味は何かということに関して、心理学的な価値を明確に理解するために、実際の庭の中とは対照的な精神的な庭を人はどこで見つけだせばいいのでしょうか？ちょうど、薄暗い明かりの部屋では蠟燭のかすかな光がより目に見えるように、ガーデニングにおける人間が受ける恩恵は、生活の喜びを作る楽しみに欠けている貧しい環境の中では、よりはっきりと理解されます。

建物、道路、空き地などの社会の物質的な条件は、その地域の住民が自分たちのことをどう思うかによって、とても大きな差異を作ります。実際に見るものが、私たちが何であるかを語っています。「ゴミだらけの空き地やいたずらされた校庭を通りすぎることや、木もなく、散らかされた通りに沿って歩くことや、窓の外を見ると舗装道路とレンガしか見えないことは、彼らが住んでいる場所や彼ら自身について人々に不快な印象を与えます」とロバート・M・ホリスターと クリスティン・コシニューは唱え、「喜びや快適さは重要でないことを、自分たちには価値がないと思っている」とも語っています。リンドン・ジョンソンは次のように意見を述べました。「醜さはその中に住んでいる人々の品位を落とします。毎日市民が見るものは、それがその人のアメリカです。もしそれが魅力的であれば、それは彼の生活の質を向上させます。もし、それが醜いものであれば、彼の品位を落とします(4)」。したがって、社会の物質的な条件は、二重の役目を演じています。社会にとって、それはその地域の住民が自分たちのことを判断する基準であり、もう1つは、外部の人々に対して、その地域の質や特徴を印象づけるということです。

都心部のスラム街、そこでは生活はいつも変わらない生き残るための競争です。意外にも庭は、窓辺のプランター、裏庭、空き地、公共住宅事業公社の所有する土地に見ることができます。それは、厳しい環境の中にあるけれど、そこにガーデニングの楽しみとやすらぎが一番簡単に見つけられます。私は1962年からこのような人間的な価値を紹介し始めました。それはニューヨーク市住宅公社が住民のガーデンコンテストをするさい、その支援をするために私が、ボランティアをしたときでした。この活動は周辺の地方に感銘を与える草分け的なプログラムでした。世界最大の家主であるニューヨーク市住宅公社は70万人もいる住民に、高層ビルの周りの土地で庭を作ってもらうよう奨励したかったのです。

そのコンテストは今も続いていますが、当局の責任には、コンテストを組織化すること、春に花壇の土を掘り起こすこと、材料購入の給付金を準備することなどが含まれていました。そのときからずっと、住人は手弁当で参加しています。参加者は景観設計や使われる草木のタイプを決めます。審査委員会、園芸家、園芸作家など、その他関係者が受賞展示作品を選定するために各区画を見て回る８月まで住人たちは植物を植え、花壇を手入れします。10月のコンテストと表彰式でそのプログラムはクライマックスに達します。受賞した庭のカラースライドがスクリーンにパッと写し出され喝采のクライマックスが近づいて、聴衆の興奮は盛り上がります。全ての参加者は参加証を受領し、晴れやかな受賞者には彼らの名前が彫られた素晴らしいトロフィーが与えられます。その出会いが終わった後、ほとんどの人がこれらの誉れ高い賞の１つを来年も手に入れるぞ、と決心し、興奮冷めやらぬ面持ちで去っていきます。

スラム街のガーデニングは、明らかに、不毛な高層ビルの中で菊の花が咲くことの美的な恩恵と、味気ない地域の人々に美しいことを願う現実的な夢をもたらしています。しかし、植物を見ることは、ただ単に園芸的あるいは植物学的な情報を与えるにすぎません。心に花開く庭を人は、どのように見つけるのでしょうか？　一番いいのは、毎日お気に入りの区画の面倒を見ている住人と話をすることです。最良の方法は、彼らが創り出したことに関する感想を教えてくれるように話しかけることだとわかりました。私の彼らとの最初の出会いは何年も前の昔のことですが、記憶に鮮明に残っています。

ニューヨーク市マンハッタン島南端のイーストサイドのDアベニュー（大通り）に立つ高層ビルの前に、１つの庭を作った恥ずかしがりやで黒い瞳の一人の女性がいました。私が話しかけたとき、彼女はスペイン語混じりで優しく答えてくれました、「彼らはDアベニューで花を育てるなんてできっこないと言ったけど、私は試したかったんだよ。今では、お年寄りが花を楽しみに毎日外に出てくるのさ」。実際、高齢の住人の何人かは近くのベンチに座って、庭で楽しみながら日向ぼっこをしていました。

多くの出展作品を審査した後、私は、これらの荒廃したスラム街の中で、今にも壊れそうな庭が存在すること自体、それが何か奇跡的なものであると実感し始めました。しばしば、柵のない花壇のマリーゴールドやヒャクニチソウやペチュニアが人々の注意を引き、傷ついた痕跡を残している周囲と対照的に、可憐に無謀に咲いていました。自動車やビルが定期的に荒らされている地域で、このような攻撃されやすい「美」がなぜ生き延びているのだろうか不思議でした。スペイン系のハーレムで私は、お巡りさんにその庭が信じられないほど長くもつことについて尋ねたことがありました。それらの庭はどうやって破壊から逃れているのですかと。彼はその理由を知りませんでしたが、地域で花づくりをしている人たちに聞いてみることを勧めてくれました。次に立ち寄ったとき試してみました。ゴマ塩頭をした男の人が答えました、「私たちは誰が問題を起こすのかを知ってるんだ。だから、彼らを私たちの園芸グループに入るように勧めて、そして彼らに園芸の仕事を割り当てたんだよ。今は私たちには何の問題もないよ」。彼らの解決法の単純さと適切さは驚くべきものでした。

私は同じ質問を他の庭でもしました。そして、それぞれ独自の庭を守る対策を生み出していたことがわかりました。最も驚いたのは、どの庭も警察の助けを求めていませんでした。住人たちは、彼らの隣人のやり方を知っていて、彼ら自身のやり方で問題を扱いました。ある高層ビルでは、花づくりを楽しんでいる住民は、「ビルの窓を見てごらん。皆はそれを割り当てられていて、何人かは双眼鏡を持って庭を見守っていて、誰かがそれにちょっかいを出そうとすると警報を鳴らすのさ」と話してくれました。他では、少年少女たちがある時間、庭の防衛任務に割り当てられていました。しばしば、母親が花のそばに赤ちゃんと一緒に座っていました。全ての問題は、「グレた子どもたちはみんな今年のコンテストにいた」から、いたずらは起こらないと期待していたと言ったイーストサイドの一人の女性の言葉に要約されていました。

ソーシャルワーカー（社会福祉士）の指導の下に10代の少年グループによって作られた庭が私に新しい展望を開いてくれました。それは「日本庭園」で、レンガで縁取られ、注意深く敷き詰められた砂利道と、きれいに掘られプラスチックで囲われた池、そして巧みに作られた木製の橋がかけられていました。板や他の必要な材料を調達するために、ニューヨークのガラクタの中から探し出してきて、少年たちは夏中、熱心にガーデニングに励んだと、ソーシャルワーカーは私たちに話しました。少年たちは明らかに彼らのできばえを誇らしくに思っていました。そのソーシャルワーカーは、少年たちは法的に問題があった子どもたちだったと私たちに語りました。その時点での私の認識は、そのような事実を理解しづらかったのです。私の甘い認識では、ガーデニングが社会性に欠ける誰かと結びつくことは決してありませんでした。しかし今、私は、警察の記録を見て、その先入観が事実と矛盾しているということに心が揺り動かされました。郊外の趣味としてのガーデニングという田舎者くさい私の見識は、明らかに不適切であり、改める必要がありました。私は、異なった社会的な環境にいる人々が、どうして同じような喜びを庭から引き出せるのか不思議でした。ガーデニングのどんな特質が文化的・経済的環境を乗り越えさせたのでしょうか？　私は、徐々に、植物そのものよりも、むしろガーデニングをしている人に生まれてくる、感情の中にある何か魅力的なものを実感しはじめました。

そのことに気づいた結果、私に新しい世界が開けました。ガーデニングのわずかな人間的な恩恵が、おそらく花や野菜の美的かつ材料的価値より大きいということです。あの精緻な「日本」庭園と楽しげなDアベニューの花たちが、植物とそれらを育てている人間との間の親密な関係を理解するための研究を続けるように私を駆り立てました。

公営住宅の住人たちにとって、庭は社会的な活動に焦点をあてて、特別な場所になってきます。結婚式や卒業式の写真が、お気に入りの場所で撮られています。「より大切なことは、お互いを知り合うようになってくることで、皆が笑って私たちの庭について雨が多すぎるとか、雨が足りないとか話をするようになったことです。彼らの全員が、子どもたちが庭を壊すのではなく、世話をすることに興味を持っていると大変喜んでいます。そこでは、朝早くから夜遅くまで隣人が庭の囲いにもたれかかっているのが見えます。そこはあらゆる人が友達となる路地の中心です」と一人の住人は書いています。

その庭は、予期せぬ恩恵を生み出して、花や野菜を育てている住人たちが集って温かい誇りと隣同士の交流で団結しました。彼らは花壇と周りの地域が清潔できれいであるように気をつけました。紙くずやゴミは素早く取り除かれ、グラウンド整備係は隣接した芝生をより頻繁に刈るように駆り立てられました。住人がゴミでいっぱいになった袋を窓から投げ捨てる「空飛ぶ航空便のゴミくず」もなくなりました。破壊はビルの内外で少なくなりました。公共住宅の周りの新しい植物を壊すのが当たり前になっていた場所で、住人たちは、今や、建物の景観を良くすることの許しを求め始めました。多くのプロジェクトでガーデンクラブが組織されてきました。何が起こったかは明らかです。ガーデニングに対する積極的な経験は、住人たちが彼らのビルや土地と同様に彼ら自身に対するより前向きな態度をとるようになったのです。

低所得層の都会人口の構成が変わったことが、都会での園芸プログラムの成功に影響を与えたもう１つの要因でした。第二次世界大戦後、1960年代には南部から北部への移住が一番多くなりました。公営住宅の新たな住人は、田舎の伝統的な方法の技術と思い出を持ってきました。そして不慣れな大都会の環境に植物を植えましたが、それは彼らの過去とのつながりを再び作り上げることになりました。このことは彼らのコメントや行動によって裏づけられました。例えば、シカゴでは、高層公営住宅の住人は、野菜栽培に「前庭の花壇」を使うことに反対しました。彼らは、「花は前庭で作って、野菜は裏庭で作るべきだ」 と主張しました。私は、子どもたちのグループと一緒にちょっと変わった庭を造っている、マンハッタンに住む高齢の婦人に会いました。あらゆるものは整然と列をなして植えられ、それぞれラベルに名前が書かれていました。この都会の庭で彼女は南部の子ども時代の思い出から、オクラとワタと並んで球根ベゴニアのような花を植えていました。彼女は説明しました、「いくつかはここでは見ることがなくても、子どもたちにとっては全ての植物の名前を知ることが大切です」。明らかに、彼女は脈々と続いてきた伝統をつなぎとめるために、過去の南部での文化の一部を若い人たちに伝えようと努力していました。

ニューヨーク市住宅公社（NYCHA）のガーデニングのプログラムは、これまで1つのモデルでした。それはシカゴ、バーミンガム、シアトル、バンクーバーなどの都会でも展開されました。NYCHAはそのプログラムが人間に恩恵をもたらすと高く評価して、揺るぎない支援を継続していますが、他の街でのプログラムでは必ずしも成功していません。低所得地域では自尊心の花を咲かせることの重要性を理解することができないという理由で、彼らは政治勢力の犠牲になることがあります。しかしながら、公営住宅に加えて、低所得層地域では庭が繁茂するために他の場所を活用することができます。窓辺のプランターや公共の場所は、隣同士の交流と調和の感覚が育まれる最初の第一歩を提供することができます。

フィラデルフィア物語

ガーデニングの社会的な可能性は、フィラデルフィアの地区園芸協会の、園芸家、著作家そして教師であるルイーズ・ブッシュ・ブラウンが1953年に思いついた開拓者的な「窓辺のプランタープログラム」で明確に実証されています。どこまでも続く貧困と荒廃した地区のことを十分よく知っているブッシュ・ブラウンは、そこの住人たちが立ち直る道を探していました。そして、地区の環境改善に興味を示した住民を地区園芸協会が仲立ちをして、彼らを支援したいと願っている郊外の園芸クラブと教会のグループに紹介しました。

住民たちは、地区園芸協会に自分たちが住んでいる区域を１つの「花壇の区画」と見なすようにして申し込むことによって庭を作る弾みを得ました。その区域に住む世帯の８割が植物を２年間世話することに同意すると、地区園芸協会は「窓辺のプランタープログラム」の協賛園芸クラブに、窓辺にプランターの庭を作るための全ての必要な材料を支給し、みんなで一緒に作るように依頼しました。

1957年の始まり以来、ブッシュ・ブラウンは、このプログラムによって、低所得者居住区が見た目にきれいになるだけでなく、住人がそこに住むことを誇れるように、そしてガーデニングを通じて達成感を得られるようになると思っていました。彼女の初めて書いた「花壇の区画」についてのマニュアルは、園芸を超越した希望を示しています。「ガーデニングの最大の楽しみの１つは、自分の花を他の人たちと分かち合うところから来ています。そして、『窓辺のプランタープログラム』はこの美しさを分かち合うことができる特別な機会を提供しています。友達に、隣人に、ただそれを見たくなるような気持ちにさせるストリートを、通る全ての人に楽しむチャンスを提供しています(5)」

花壇はほんの始まりにすぎません。一旦それが置かれると、住人たちは、それらの周りをよりよくするために他の活動に取り組むように鼓舞され、ガラクタが散らかっている空き地の掃除や、正面の入り口階段や建物の正面がきれいに塗装され、修理されました。これらミニチュアガーデンの価値に関する一番説得力のあるコメントは、園芸家たち自身が語ったものです。「何もない、全く何もない。これらの花がなしたこと以外に、この区画でなされたことは何もありません。初めて、隣人たちは一緒に作業することを学びました」。そして、「ほんの１年前まで、もちろんお互いに名前を呼んで話すことはありませんでした。今は、私たちはみんな一緒に働く隣人です(6)」。

私は1962年に、ルイーズ・ブッシュ・ブラウンと会うためと窓辺のプランターを見るためにフィラデルフィアに行って以来、このプログラムの進捗を追跡し、そしてこの単純な概念を広めるためにここに戻ってきました。私が初めて訪れたとき、彼女は私をプログラム責任者に会わせました。私は、どこにでも窓辺のプランターがあり、きれいな通りで、そして塗装されている家々を見ました。私たちはどこへ行っても、人々は成し遂げた驚きの誇りと、隣人関係とつながっていることの喜びを語りました。ルイーズ・ブッシュ・ブラウンに対する彼らの深い愛情は、彼女がどこででも受けた温かい歓迎を見れば明らかでした。

なぜ、窓辺のプランターのペチュニアの花が、結果としてゴミのない通りや補修された建物につながるのでしょうか？　もう一度住人たちは見識を発揮しました。「以前それは単なる１つの家にすぎなかった。今、それは家庭のようです」。そして、「私は、この区画に15年間住んできました。この区画の他の人たちの名前を知るようになることは顔を知ることと同じように素敵なことです。前は彼らを全く知りませんでした」。次はガラクタでいっぱいだったところが小さな庭になった場所で、「ここは私が見た中で一番汚された場所だったわ。今は、いい匂いさえしてくるわ」、そして「今度は私の窓もそうしたいわ」というのがそこで得たコメントでした。

ペンシルベニア園芸協会がスポンサーとなっている総合的なプログラムであるフィラデルフィア緑化運動の一部として、100区画以上が窓辺のプランターの伝統を受け継いでいます。窓辺のプランターに加えて、フィラデルフィア緑化運動は、隣接の公園や庭園そして再生された地域の創生のために、より広範囲に取り組んでいます。緑化運動は他の都会や地域で盛んになり、モデルケースとして役立ってきました。例えば、ミネソタ州グリーンプログラムは、ミネソタ園芸協会のリック・ボンレンダのリーダーシップのもとに市を超えて州全域にまで広まりました。人口の50％以上が大都会の外に居住しているため、ミネソタ州グリーンプログラムに都会と地方の人たちが参加することは意義深いのです。

プログラムは、それぞれの現場で臨機応変に適応しています。ミネソタ州の州都セントポールで、景観設計家のボブ・ハーベイは、コモストリートの商店街と連携しています。彼は、この商業地域を花の区画に変える企画は、ビジネスにも隣人にもいいだろうと商店街の店主たちを納得させました。区画沿いの街路樹の下の花壇は、昔ながらのコスモスや、デージー、ハナキャベツ、マリーゴールド、その他の一年草といった懐かしい花が植え込まれて主役となっています。それぞれの花壇はいろいろな花の組み合わせを誇り、親しげで気さくな表情を創っています。周りの通りの住人たちは、この区画に歩いてきて、友達と会ったり、話したりして楽しんでいます。植物を植えることは、商店主たちの中にコミュニティとしての意識を醸成しています。そして彼らは、お互いを今まで以上に知りあい、その区画が１つのまとまりになってきました。これらの社会的な恩恵は、複数の居住区画が緑のプログラムに参加するとき、都会の中で起こっているものと似ています。

ロビン・ドクターマンはセントポールのコロンバス庭園の変遷を次のように記録に残しています。「その庭は近くにありますが、庭園や居住性では知られてはいません。むしろ犯罪や麻薬や朽ちている家の地域として知られています。燃え尽きて解体されたアパートの跡地を手に入れるのに興味を抱いた少数の住人による試みが、地理的に、経済的に、文化的に、そして人種的に広がって全体が１つになりつつあるプロジェクトの発端になって、この活動は1986年に始まりました。そしてそのうちの何人かは庭での作業中にお互いが初めて知り合いました[(7)]」。２年間市に協力を要請したのち、彼らは、荒廃したビルの所有者にビルの取り壊しを説得することができました。それから彼らは庭を造る許可を取りました。近隣の住人は25区画が庭の必要性を主張しました。その庭は、近所の人たちが会ってお互いに喋ったり、植物や園芸の技術を比較したりする人気の場所となりました。近所の住人であるマリー・アーリンガーは、さりげなく発言をしました。「私は、そこに起こったことをとても自慢に思ったわ。いつもみんなが何を育てているのを見るのが特別な楽しみだったのよ。私は緑と静寂を期待したのと、そして庭で何度も植物を見に出かけたのでそこで人々と知り合いになれたわ」。楽しみの多くは幸福の別天地を彼ら自身で創ったコミュニティを自覚することから始まります。そのプロジェクトを最初に組織化した一人である、トレイシー・バッハは、「今あらゆる人がこれは本当に素晴らしいと言いながら庭の周りを歩いています。市も国も私たちのために何もしてくれなかった。それは私たちのためになった。私たちが成し遂げました」と意見を述べていました。[(8)]

1990年にコロンバス庭園は、コミュニティ菜園で顕著な成績を挙げたところに与えられるセントポール・ガーデンクラブ賞を受賞しました。これはガーデニングが地域住民の元気をとりもどすための道具として用いられるほんの一例にすぎず、コミュニティの再生と希望の未来を創生する意志に向けての第一歩です。

東ガーフィールド公園は、古いシカゴの１つの地域です。一時は優雅な温室や公園のある素晴らしい、よく手入れされた居住地域がありましたが、荒廃していました。文化庁が40区画四方とともに、それを暮らしに戻そうと協力してきました。その計画の基本は、住人がその地域を再生して、地域に根づいた産業で経済的基盤を確立し、その地域を安定させることです。その地域はフィフス・シティ（第５の都会）と改名されました。彼らは、離ればなれの集団が１つになる結集点として大きな見える形で変化をもたらし、変化が起こりうるまで興味を持続させるプロジェクトが必要であることを実感しています。文化庁のリーダーは区画に住む人々がお互いを知り合ってなければ、成功するコミュニティ・プログラムを始めることはできないと言っています。もし人々がお互いに関心がなければ、地域は安全ではないでしょう。

フィフス・シティでは、人々に隣人として一緒に活動することを思い起こさせるようにガーデニングが採用されています。街路の花の植えつけは劇的に彩りを豊かにし、それは住人も通行人も楽しむことができて、コミュニティの誇りと成果を象徴しています。一度動機づけられると、住人たちは、木を植え、壊れた歩道を修理し、そして最後は彼らの家を改修するための融資を手に入れて、その地域の価値を高め続けます。文化庁は、ガーデニングは、長期にわたる経済的かつ社会的発展が可能となるまでその区画を１つにする接着剤であると言っています。ガーデニングは、人々が彼らの生活圏の周りに責任を引き受ける能力を持つ自信となるので、共同体意識を育むための強力なツールとなります。

私はガーデニングの恩恵は、都会のスラム街に住む人々に対してのみ有効であると言っているのではありません。これらは、貧困で苦労している地域において、一個人が得たささやかな喜びが、より増幅する例です。花のはかない美しさや自尊心の開花は、人間の絶望の荒涼とした背景と対比することによって、より一層鮮明なものとなってきます。

ティックーン・オーラームとしてのガーデニング

ガーデニングの進歩は、人間が必要としていることを満たすための食料や花を育てる個人的な背景から、園芸家が地域で手助けし、公助のコミュニティへと移っていくと見られているのかもしれません。このように、人々の間に共同体としての意識が確立すると、個々人と地域に変化が起こります。ガーデニングへ参加することができてくると、分かち合いと癒しを感じる心は、困窮している人々がいる近隣地域にも広がっていきます。不幸な人と自分の生産物を分かち合うことは、聖書（レビ記19: 9- 0）にはっきり書かれています。農夫は彼らの畑の隅まで刈りつくすことなかれ、また薄幸の人が落穂拾いをできるように、落ちている穀物を拾うことなかれとアドバイスしています。今では国中の至るところで園芸家は、定期的に食料配給所やホームレスたちの庭へ寄付や、個人への定期的配給で農作物を必要な人々と分かち合っています。

1988年にシアトルで開発されたピー・パッチ・コミュニティ・ガーデン・プログラムは、新鮮な生産物を食料銀行に支給するために「レタスリンク」を開始しました。最初の年に、参加者は3098ポンド（約1.4トン）の農作物を寄付しました。翌年の寄付や配送物は１万2000ポンド（約5.4トン）と４倍になりました。配送は、1990年には１万5050ポンド

（約6.8トン）を超え、1991年には１万2084ポンド（約5.5トン）、1992年には２万ポンド（約9.1トン）、そして1993年（生育の良くない年）でも、１万7000ポンド（約7.7トン）になりました。さらに、ピー・パッチ・コミュニティ・ガーデン・プログラムは1993年に菜園の持ち主に農作物の寄付を募る「分かち合いの日」を始めました。その日には、菜園の持ち主は必要とされるところならどこでも彼らの作物を配っています。その日は、祝祭とありあわせのものを皆で分かち合って食事をする日です。「分かち合いの日」には食料銀行に１万1000ポンド（約５トン）が寄付されました。

ニューヨーク州のハンチントンでは、社会福祉政策の一環として設立されたロバート・M・ケベッカ記念有機ガーデンを誇りにしています。その3000フィート（約914m）四方の小区画の土地が、非常に貧乏な人たちの食料を準備するために提供されています。ボランティアが地方の慈善事業に配分する2000ポンド（約907kg）の作物を育てるために、何時間も働いています。他にも、園芸家たちが、熟したイチゴやパリパリのニンジンは贅沢であるような人々とともに育てて、贈り物をその人たちと分かち合う多くのプログラムがあります。

ガーデニングは、人の視野を個人から離れてコミュニティの現実へと方向づけています。他の人もまた自分と同じ人間であると認識するようになります。ガーデニングは人の心を癒し、人を変え、そして分かち合いの心を育みます。庭は病院、ホスピス、エイズ療養センターで設立されつつあります。ニューヨーク市５番街105通りにあるテレンス・カーディナル・クック・ヘルスセンターとタマランド財団は共同で、景観設計者のデビッド・カンプとボランティアを呼び集めて、ジョエル・シュネーパー記念ガーデンを創りました。そこは、薬物治療で目が光に敏感になっているエイズ患者が座れる日陰を提供しています。車いすの患者には、もし彼らがトマトや、ピーマンや、香りのするハーブあるいは花を育てたいと望めば、車いすでも作業ができるように設備されています。エイズ患者の聴覚や嗅覚は病気の影響でその機能が損なわれているので、水がしたたり落ちる音や、風鈴の音や、ハーブの香りは特別にエイズ患者には意味があります[9]。

ガーデニングの癒しや、ものごとを変換する特性は、園芸療法の中心的な概念です。植物は生活の質を高める使者であり、ガーデニングが地域で広い範囲へ拡大していくのは、思いやりや他の人を助けたいと思う人間の本能が続いている希望の証しです。個人的な利益や物質的な価値だけを進展させている現代社会の中で、ガーデニングはコミュニティの感覚を強調する１つの代案を示しています。それは、物質的な価値を優先する現代の社会的かつ経済的基準に対抗しています。植物と人間の関係は、天から授かったもので、ヘブライ語のティックーン・オーラーム（ユダヤ教の教え）で具体化されている概念に向かっていく動きを予言しています。それは、私たちの周りの世界を癒し、修復し、そして変えていく人類共通の責任です。

植物は人にどのような影響を及ぼすのか？

人間の利益や自尊心の醸成に影響を与える、花や野菜を作る一連の作業過程は、どのように始まったのでしょうか？　窓辺のプランターに植物を植えることが、どんな人間の力が自由になるのでしょうか？　１つの手がかりを精神科医のエドワード・ステインブルックは、次のように述べています。「醜さ、荒廃、汚さ、過密ビル、自然が乏しい、そんな環境に囲まれて育てられると、社会に触れて生じてきた悲観的な自己評価をさらに強めます。自尊心は情緒的な幸せの肝心な部分です。いろいろな要因の中で、粗末な自己評価は人の周囲をどのように扱うかを、そしてまた、自分自身や他の人に対してどのように破壊的になっていくのかを決定します。これらの因子は打ち破るのが難しい悪循環を生みだします[10]」

庭は瞬く間に、どのような場所でも、その物理的な外観を改善します。植えはじめる動機が初めは個人的なものであっても、庭の前を通り過ぎる見知らぬ人たちの楽しみになります。園芸家は物質的には貧しいかもしれませんが、それでもそれを楽しんで、そこで一息つくかもしれない全ての人に、この美しい贈り物を与えることができます。そのようにして園芸家の誇りと自尊心を高めると、その高められた誇りや自尊心は彼らが住んでいる地域を良くしたいという感情に変わっていきます。きれいに清掃された通りや建物、親しい隣人などは、これらの新しい考え方の証しなのです。

人々と植物が庭という空間（場所）で手を携えます。手だけでなく、身体全体で愛といたわりの心、細心の注意を払い、世話をすることで創られます。あらゆる機会が深い個人的な関わりなのです。庭を育てようと決心することが熱い期待に火をつけます。「タネは発芽するんだろうか？　トウガラシはどんな味がするんだろうか？」、しかし、意気込みは苦痛によって抑えられるに違いありません。植物は人間のタイムスケジュールには従いません。植物は、いつタネが発芽するのか、花がいつ咲くのか、果実がいつ熟すのかを決定づけるもっと大きなリズムに服従する必要があるのです。植物を通して、園芸家は生命の無限の力と結びつけられ、自然の織物の中の１つの糸であることに気づくようになります。そのパターンは何千年ものあいだ織り続けられていて、園芸家の糸がなくなったずっと後も続いていくということを知ると、毎日生活していくうえでの課題に対して、別の視点での考え方を持つことができるようになります。

人々と植物は庭仕事の過程の中で、互いに依存しあっています。植物はよく育つようにと、必要とする世話や養育を受け、そして人は、植物の生長に成功の証しを見つけます。土を耕し、タネを撒き、水をやり、そして待つことに耐える日々は、緑の葉が暗い土の中から現れるときに報いられます。そして、タネに隠された本能的な可能性を満たすために、両者が一緒になって努力するパートナーシップが始まります。植物を育てる人は、植物が発している信号を注意深く見ます。光沢のないしなびた葉は、頻繁な水やりをしなければならないことを意味し、弱い茎はもっと肥料をやるか間引きして光をもっと与える必要があることを意味しています。このようなお互いの関係を通して、人は深く関わっていくことになり、それによって植物の意志を表現する植物の言葉を理解するのです。植物の言葉がわかれば、わかるほど、人は素晴らしい園芸家になっていくのです。

人々は使命を持っていて、園芸家は植物のために役に立つ者とされています。世話に対する植物の反応は明確で、新しい葉や茎や蕾やそして花をゆっくりと展開することがそれを証拠づけています。定規の目盛りでその生育を測るように、この出来事の順序は、世話が成功しているかどうかのレベルを示しています。

植物の環境は私たちが展開する社会を鋭く反映させるので、植物は人間の反応を引き出すことに非常に効果的です。庭は安全な場所であり、あらゆる人を歓迎する慈悲深い場となっています。植物は、中立であり、威嚇的でなく、差別的でもありません。植物は世話をしてくれることに反応し、世話をする人の強さや弱さは植物にとって無縁です。植物には、例えば、人種や、幼稚園または大学に行ったかどうか、貧乏か裕福か、健康か病気かは関係ありません。植物はていねいに世話をされたときほど力強く育ちます。大切なことは、彼ら植物が適切な太陽の光、土、水、栄養素を受けることです。このようにして、庭で人は自信を深める第一歩を進めることができるのです。

連続と変化を伴う植物の生長は、基本的な生命の特性に関するメッセージを、それに傾聴しているみんなに知らせています。植物は目に見えて太陽に反応します。ヒマワリはその名のとおり、毎日空を通る旅のコースをたどるために黄色い頭を回しています。人間に体内時計をセットしたと同じ力によって、植物は遺伝子に生物学的に組み込まれたリズムに従って季節の変化を示しています。植物のリズムは人工的な環境のリズムとは違っています。彼らの生長は安定していて、連続的で、とっぴではなく、奇妙でもありません。暗黙の了解があるかのように、植物はタネから苗へ、成熟した植物へと予想どおり移りゆきます。

人は、自然のリズムの繰り返しを観察して、その変化は破壊的ではなく、あるいは恐れられるものではないと気づき始めます。もちろん、自然のリズムは動的安定性を保証しています。アサガオはその日の朝早くに花を咲かせ、午後にはしぼんでしまいます。それは翌朝、日の出とともにもっと多くの花を咲かせるためなのです。葉が緑から炎のような赤い色に変わり、命のつながりを断ち切られ、土に落ちたからといって、驚いたりはしません。春の樹液は冬の根から上がってくるだろうということや、裸の枝に服を着せるように新しい葉は樹皮を突き破るだろうということを、私たちは知っています。このことは毎年繰り返され、私たちはそれを信じています。

予知不可能なことがいつも起こるハイテクの世界と自然は、なんと違うことでしょうか？　ハイテクの世界では、自由な存在の流れが阻止され、妨げられ、予定の期限や規則によって歪められています。そして、人々は次々に起こる一時的に流行するものを受け入れなければなりません。そこでは、人間の生命はいつもテロや愚行から来る恐怖に怯えています。私たちは心の底から平和な毎日だと思うことはできません。私たちを育んできた地球は、すでに私たちが創造した輝かしい科学技術によって、取り返しがつかないほど傷つけられているかもしれないという疑念が、私たちの心の奥深くに横たわっています。

タネを蒔くような多くの園芸作業は、極めて集中した注意を必要とします。ベゴニアやペチュニアの小さなタネは、多すぎてモヤシのようなひと塊の苗になるよりは、健全でしっかりとした苗になるようタネ袋を軽くたたきながら、注意深く蒔かなければなりません。レイチェル・カプランは、この播種作業の集中は、注意を維持することを要求されることや、そのうえ私たちの心に真っ先に思い浮かぶかもしれないどんな心配からも気を紛らわすことができると報告しています[(11)]。その周囲を注意深く、トントンとたたくにしたがって、日常の世話は拭い去られます。そのときに人は、土に等間隔にタネを置くことに没頭しています。それはまさに新しい命につながる１つの神聖な儀式です。

コミュニティの精神科医であるマシュー・デュモンは、都会生活者にとって必要な心の健康に関して、都会を理解しようと、試みました[(12)]。彼は次のように述べています。都会の住人は日々の生活の単純さを打ち破る刺激を求めています。コミュニティ感覚、それは、人々が一緒に住むように強要されているからではなく、庭を作るといった自発的な行動によって引き起こされます。それらは日常生活の押しつぶされそうな巨大な機械のちっぽけな歯車の歯ではないと、再認識するために環境を学ぶという意識です。確かに、都会の中心部の庭はこれらの全ての必要性を語っています。緑の自然の重要性に気づくことを奨励している都会の園芸家の役目は、それを地域社会に続けて広げることです。フィラデルフィアのウォルナット通り325番地にあるアメリカ・コミュニティ・ガーデン協会は、例えば、ニューヨーク市のグリーンゲリラのような地域緑化運動に携わっている人々の憩いの場となっています。

都会とコミュニティの森

庭仕事に加えて、都会のボランティアグループは植林や木々の維持に指導的役目をしています。ロサンジェルスでは、アンディとケイティ・リプキス夫妻のリーダーシップで、ボランティアのツリーピープルが、1984年のロサンジェルス・オリンピック開催前に、都会に百万本の木を植えました。夫妻は、ボランティアたちに都会の森を世話するように指導し続けました[(13)]。シカゴのスザン・ホールは、オープン・ランド・プロジェクトのネイバーウッド・プログラム（地域の緑化活動）の先頭に立っています。そのプログラムでは、都会に木を植え、手入れをするボランティアのツリーキーパーを養成しています。

アメリカのほとんどの主要な都会で「緑」を見つけることができます。そこでは、緑の自然が都会の景観に存在する権利を取り戻しています。この現代のボランティア活動は、おそらく、1872年に初めてジュリアス・スターリング・モートンによってネブラスカで宣言された「植樹の日」

（アーバー・デー）の精神の復活です。どのようにして今のような都会とコミュニティの森のプロジェクトは始まったのでしょうか？　一度１つのアイディアが受け入れられると、それがそうでなかったときを想像するのは難しいのです。60年代や70年代にほとんど正反対であった「都会」と「園芸」を１つの概念で捉えることは困難で、「都会」と「森林」はスペクトルの反対側であると思われていました。転機は農務省の林業協働組合援助法が1978年に議会を通過したことでした。この法律は農務省林野部、園芸家、連邦政府所有の森の管理者に、国有森林監督官と協力して都会の森に植樹し、維持するプログラムを確立するように命じました。野生の森の手入れや伐採で教え込まれたプロの林業家たちにとって、その初期の概念は米国森林管理官協会の都会林業ワーキンググループに提示されてはいたものの、ほとんど理解しがたいものでした。

その新しい概念は、1991年に議会を通過した「アメリカ・ザ・ビューティフル」によって法的に奨励されました。この法律は米国中に人々の幸せのために、持続可能で健康なコミュニティの林や森を築き上げることを目的としていました。その明確な意図は、都会の森の活動にコミュニティとボランティアを参加させることでした。その法律ができたことで都会とコミュニティ林業プログラムが育ってきました。そのプログラムは、連邦政府と州政府、企業、さらに、都会に樹木を植え維持することに注目している専門家と市民グループを１つにしました。農務省からの連邦基金は、コミュニティの関係者やコミュニティのグループと一緒になって働いている州政府の林野庁に渡っています。各州では、そのプログラムを広げるための人的資源やサポーターとして活動するために、広範囲にわたるコミュニティ森林委員会を創ってきました。この構造は地域のニーズに対応できる地方分権組織を認めています。

最初の法律制定以来、都会の森の有効性は明確に確立されてきました。そして、都会の森は公共や個人の土地で植生として都会のあらゆるところで見ることができます。

当初、都会の木々の管理をするために考え出されたこの概念は、緑を市民に提供するという利点を含め、さらに、コミュニティの経済的、環境的、政治的そして社会的価値を統合して広がっています。フィラデルフィアのモーリス樹木園にあるアーバン森林管理センターを管理しているロバート・グトスキーは広い見識を述べています、「都会の森は都会の社会共通資本です。なぜなら、それは、都会の人たちが輸送、通信、公衆安全システムに依存しているのと同じように、水の質、空気の質、経済的な有効性そして人々の幸せは自然の資源に依存しているのですから[(14)]」。

樹木は環境を良好にする多くの機能を果たしています。大気汚染物質を捕捉して空気の質を改善し、木陰と蒸散によって都会のヒートアイランド効果をやわらげています。ビルの冷房に必要なエネルギーを低減し、そして通りや構造物の硬い表面から反射してくる音を吸収して騒音公害を低減しているのです。木々は、人々がそこでゆったり過ごし、買い物をするように、ビジネス環境の価値を高めて経済循環の助けとなっています。また不動産の価値を高めています。大都会の生活に伴う精神的なストレスを解放することによって人々の健康を改善しています。都会の森は、住人に自然と直接触れあう機会を提供し、都会生活が徐々に悪化するのを防いでいます。木々の樹冠や公園の灌木、都会の街路樹や庭の日よけ効果は、地球を支配する、より大きな力を常に感じさせてくれます。

コミュニティでの都会の森は重要性を増しつつあります。都会では、ボランティアグループがプログラムを広めるために、人材の提供とサポーターとして活動しています。アトランタの木、アナハイムの解放、ツリー・マスケッティアーズ、グリーンゲリラ、スケネクタディの樹木再生、ツインシティーのツリートラストそしてアーバン・フォレスト友好会は、この新しい緑の行動主義の火を灯し続けている市民活動団体です。結果は、地域の活性化や新たな街路樹の植栽、学校の樹木園や森の再生、そして大都会地区の希望の火を再び燃やしています。

都会の庭のように、コミュニティも都会の森の恩恵を受けています[(15)]。

住民は、地域で木を植える計画を自治体と協働して行っています。公民協働で計画し、木々を植えるために力を合わせることによって、周囲の環境を管理する感覚をつかんでいます。彼らは何が必要かを決めて、その希望を実現するために前に進んでいきます。このことには、公的および私的な機関からの支援を得て、道具の手配、苗木を植えるための穴を掘ること、進行中の木の維持管理を計画し準備することが含まれているでしょう。結果として新しくできた緑地は住民が世話をしていることの明確な証しです。彼らの目的を達成するために一緒にコミュニティの活動に参加することで、住民たちは、緑化された通りの風景から、団結力と誇りを手にしているのです。

それぞれのプロジェクトは、その土地の住人と、その地域外の人々も一緒になって作業するので、都会の植樹の社会的協働は、とりわけ効果的です。サンフランシスコのアーバン・フォレスト友好会やサンディエゴ・ピープル・フォー・ツリーズのような緑化組織は、通りや庭に木々を望んでいるコミュニティに対して専門知識を提供しています。これらの団体は住人に対して木の品種を選び、植物を注文し、市の許可を得るために協力をします。さらに、植物イベントを計画し、作業の割り当て、木を植える方法などをデモンストレーションし、そしてそれぞれの活動が確実にスムーズに進むようにしてくれます。

住民たちは運用にあたって、彼ら自身も参加します。サンフランシスコとサンディエゴでは、木を植えたい人は、援助を受ける前に自らが進んで近所の人たちを募らなくてはなりません。彼らがドアをノックして、小冊子を配って、そして少なくとも他の20人以上の住人の署名をもらってから、ようやくそれらの樹木団体は支援を提供することになるでしょう。地域住民の確かな使命感が必要です。傷つきやすい新しい木々の継続的な維持管理と同様に、植樹の成功を保証することが不可欠です[(16)]。植樹の日は、風船、看板、スナックや飲み物がコミュニティで用意され、お祭りになります。木々はそれぞれの場所に割り当てられ、それから、住民やボランティアが作業にかかる前に植え方の説明があります。通常、全体の取り組みは、みんなが持ち寄る料理で談笑しながら会食をして、最後を締めくくります。そしてそこでは、住民たちは地域のためにやり遂げた素晴らしい達成感に輝いています。フレッド・リアリーの報告書は、カリフォルニアの南部５つの都市緑化について感性豊かに述べています。

地域の内外から、いろいろな住民が土曜の朝早く、集まります。コーヒーやマフィンを分け合いながら、植樹の材料と木を配布され、木を植えるためのチームで一緒に働いている間お喋りしています。彼らはすでにある隣人との絆をさらに深め、また以前は知らなかった隣人と仲良くしています。外部のボランティアは、事務所から出て街の環境を改善している間に、新しい人々と出会います。子どもたちはとても早く仲良くなり一緒に遊びます。地域外から参加した人と、その地域に住む人々にとって、緑化活動は、彼らの環境の風景を改善する具体的な目標です。イベントに参加している人たちはみんな、いつも木々がなんと周囲の環境を美しくするのだろうと言います。植樹が終わって、参加者は後ろに下がり、周りがなんと良くなっているのだろうとお喋りしています。彼らは、周りの木のない通りと、自分たちが植樹した区画を比べて、将来のことを想像してわくわくしています。ある男性が「来年は公園の中を歩いているようになるだろう」と言いました。

その木々は、コミュニティの協力の証しとして作り上げた具体的なものです。植樹の日には、近所の人たちは互いに交流しあってコミュニティの絆は強くなります。一人の女性が初めて近隣住民とお喋りをしました。二人は10年間お互いの家から２軒しか離れていないところに住んでいました。けれども、それまでは話したことがありませんでした。別の女性は、近所の人が協力したり、つきあったりしたのは以前あった地震のときが最後で、あのときのように人々がいっぱい集まる光景が再び起こるのを見て感激したと言っています。二人の年配の女性が若い住人のいるところで、昔の近所のことや出来事を思い出しながら、かつての日々を懐かしんで20分以上過ごしました。二人はたった1ブロックしか離れていないところに50年以上住んでいたのに、めったに話すことはありませんでした。彼女たちは、家の間の糸電話のことや、子どもたちが友達の家にもっと簡単に行けるように塀を通り抜ける門を置いてくれた親たちのことを懐かしく思い出しました。参加者の最も多いコメントは、「隣人たちが一緒に働いているのを見るのは素晴らしい」というものでした。植物を植えることはまた、将来人々が木々を維持管理するために働いて戸外で交流ができるような可能性をつくりだします(17)。

植樹を準備して、やり遂げることは最初の一歩にすぎません。もし、新たに植えつけられた木々が根づいたら、枯れ尽きるまでの継続的な世話が必要となるでしょう。そして、参加する住人は、その後も水をやり手入れをする必要があります。継続的に木の世話をする必要があります。植えつけ作業の朝に教えられた知識より、もっと知識を必要とします。多くの街ではボランティアグループが、このような質の高い世話をできるように組織され訓練されています。多くの都会で木の世話をするボランティアを養成するために進められているプログラムがあります。シカゴのツリーキーパーズ、ロサンジェルスのシティズン・フォレスター、ニューヨーク市のシティズン・プルーナー・ツリー・ケア・プログラム、そしてネブラスカのマスター・ツリー・スチュワード・プログラムがその例です。シカゴでは、オープン・ランド・プロジェクトのスザン・ホーアは次のようなプログラムで指導しています。それは、都会の木々についての理解に注目していて、世話の仕方、木々が受けるストレス（ほとんどは人から受ける）、その場所に適している木々の種類とそれぞれ必要な植えつけ手順、剪定の必要条件、そして必要な病虫害管理などです。ツリーキーパーズの卒業生は、研修を受けると、その代わりに30時間の奉仕作業をします。これらのリーダーは地方自治体を支援しています。

特に、木々への予算が不十分な自治体では、訓練を受けたボランティアグループが、彼らがいなかったらできない維持管理をするために市の森林監督官と一緒に働きます。

子どもたちは都会の森として理想的な場所である彼らの近隣地域や学校のグラウンドで、都市緑化に参加するように勧められます。学校のプロジェクトは、どの段階においてもクラスでの参加を求めています。樹木の選択、植えつけの計画、植えつけ日とその後の祝典の準備などです。植樹は「あなたがいる場所」という生態学の授業の良い機会を提供しています。土壌、土づくり、水との関係、雑草の競争、自然のシステムの中のエネルギーの流れ、全ては体験学習の一環として実習することができます。子どもたちは時間とエネルギーを使いながら、植物を維持し、確実に生き残っていくのを助けるということで大きな励みになります。子どもたちが自然環境に対しての密接な関係と尊敬の念を持っている大人に成長するとしたら、そのような関心は早期に確実に身につけなければなりません。テレビの自然番組から主として得られる情報だけでは、基本的に不十分です。個人的な経験のみが、自然への賞賛と責任感へと若い人の心をいっぱいに開きます。学校とコミュニティの緑化プロジェクトは、植物を植えて生命を育てることに直接触れる機会をつくります。それが成育するにつれて、自分自身を超えて他の人のために、喜びを与えることに到達する何かを確立します。

環境プロジェクトを計画し実行する子どもたちの能力の全ての価値は、これまで十分評価されていませんでした。若い人々が担当すると何が起きるのかの劇的な例が、カリフォルニアのエル・セグンドにあります。そこでは子どもたちの組織であるツリー・マスケッティアーズが、はるかに都会の境界を越えて広がっていくインパクトを持っています。それは、91ガールスカウトの13人が、最後はゴミになってしまう使い捨てのプラスチック製の皿が、長期にわたって影響するという討論を聞いた1987年に始まりました。南カリフォルニアの全てのガールスカウト団の大会を主催しているそのグループは、簡単に分解する紙の皿で食事を提供することを決めましたが、皿を作るための紙の原料となっている木々のことに関心を持ちました。子どもたちは環境の中でバランスを取ろうとする努力のなかで、寄付されたアメリカスズカケノキ（スズカケノキ科）に「マーシー・マーベラス・ツリー」と名前をつけ、市の区画に植えました。マーシーを植えたことで､ガールスカウトたちは、自分たちにできる木に関する他の活動も考えるようになりました。自分たちをツリー・マスケッティアーズと称して、彼女たちは記念の木を植えたいと思っている人々を支援しました。彼女たちは市からエル・セグンドとロサンジェルス空港の間の細長い土地に植物を植える許可を得て、適切な園芸的手順の指示を与え、最初の21本の木々を植える手伝いをしました。次の７年の間､エル･セグンドで植樹祭アーバー・デーの精神をよみがえらせ、そして今では記念の並木と呼ばれている植物を150本まで増やしました。

マスター・ツリー・スチュワード・プログラム（ネブラスカ）の樹木医研修プログラム

エル・セグンドは空港、汚水処理プラント、石油精製所、オフィスビル、化学工場などの見苦しい地域に接しています。ガールスカウトたちは、これを変えることを決めたのです。彼女たちは、３年以上かけてその不快な現実を和らげ、緑で街を囲む650本の木々を植える計画を立てました。ツリー・マスケッティアーズはプロジェクトに関して独自のアイディアを生み出します。自分たちは何をすべきかを決め、そしてそれを実行します。廃棄物管理プログラムについて文書化するために市を支援し、そして、エル・セグンドで初めてのリサイクルセンターを開設しました。

1988年には、ツリー・マスケッティアーズの素晴らしい活動がアーバー・デー財団の賞に値すると認められました。それ以来、そのグループは北米環境功労賞、大統領ボランティア活動賞、そしてアメリカ美化保持運動賞を受賞しました。他の子どもたちのグループはツリー・マスケッティアーズに刺激を受け、広報事務局を通じて他の若者たちと彼らの専門知識を共有したいと思っています。彼女らはプロジェクトについてホワイトハウス協議会で討議しました。するとアラスカのような遠いところから、同様なプロジェクトを始めたいという若者たちの要望がありました。

青年環境活動家のネットワークが育ちつつあります。美しい環境を目指す子どもたち、キッズ・フォア・クリーン・エンバイロメントは、数ヶ国の外国からの人々も含めて11万人以上のメンバーを有しています。子どもたちのその保護活動は未来に対する輝かしい希望を与えており、そして強力な支援を合衆国および州森林局や、ナショナル・ツリー・トラストやアメリカ森林協会他、多くの企業から受けています。

ボランティアの木のグループの活動は、地方や全国レベルでも商業的な参加を誘致してきました。グローバル・リリーフは1988年にアメリカ森林協会によって始められたプロジェクトで、事業組織から支援を受けています。1978年のカリフォルニアのオークランド・コミュニティの植樹プロジェクトの研究では、地方の植樹に参加した事業者たちは植樹のコストを越える利益を得ていると報告しました。(18)

ナショナル樹木医協会は大きな規模の基金を持っています。「ナショナル・アーボリスト・デー、アメリカ国民への贈り物」は、初めは自由の女神200周年記念のお祝いとして考えられました。1986年4月19日、その最初のプロジェクトに関しては、樹木栽培家20チームの中から専門家がリバティー島に88本の樹木の剪定をするために到着しました。道具、昼食、プリントされたシャツが産業界から支給されました。この事業費

（５万ドル以上に相当する）は、自由の女神エリス島財団にナショナル樹木医協会が専門的に木々の世話をするように寄付され、管理を委ねられてそれを実行しました。1987年には、アメリカ憲法調印200年記念を称えて、50人のアーボリスト（樹木の栽培や手入れ方法に詳しい専門家、樹木医）が、フィラデルフィアのリバティー・ベル・パビリオンと独立記念館で木々を剪定し、肥料を施しました。

心に残る贈り物は、1993年10月16日にアーリントンの国立墓地で行われました。そこには400人以上の樹木医が、その神聖な場所を覆っている木々に新しい活力を与えるために、彼らの道具を持ち込みました。アーリントンの６人の職員はこの支援を歓迎しました。ボランティアたちも日の出から日没まで２万5000ドル相当の整備を成し遂げました。ナショナル樹木医協会の会長であるローレン・ランフィアが贈り物の意味を次のように述べています。「木々の刈り込みや、縄を使って結束することや、肥料を施すことによって、私たちは言葉に置き換えることができないものを表現することを試みています。どのようにするのが一番いいか知っているやり方で、つまり木の世話をすることで、私たちは感謝と畏敬の念を表しているのです[(19)]」

都会とコミュニティの森林管理プログラムの効果は、当面のものと長期的なものとの２つがあります。新たに植えられた木々や灌木の直接的な効果は明らかです。毎年木々が大きくなっていくにつれて、それらの美的な、そして環境的な価値は高まっていきます。日陰をつくり、空気を冷やし、汚染物質を捕まえ、雨水を調整する樹木の能力は、長期間の継続的な恩恵です。しかし、木を植え、そして緑の番人として世話をする人たちも恩恵を受けます。木を植えるということでコミュニティに参加した結果、新しく得られた思いやりの感覚を、人はどのように測り、その価値を見出すのでしょうか？

一旦、グループの人々が、彼らの目の前の環境を管理し変化することを学ぶと、彼らはその地域の環境を改善するために、活動を続けるようになります。コミュニティへの参加はコミュニティを健全にします。育っていく樹木は、協力して成し遂げたことをいつまでも思い出させ、未来の活動への刺激とその活動を強化することにつながっています。事務局の人たち、ボランティア、植える人たち、水をやる人、世話をする人たち全てにとって、木を植えることは生き物の全てを維持する自然の力につながることなのです。

急激に発展する人間の科学技術の真っ只中で、緑の自然は、私たちが、種として生き残るために学んだ古代の経験の微妙な方法で、私たちに思い出させ、緑の自然が私たちの起源だと認めています。

自然とつながりたい、あるいは環境的な知識を追求したい若い人たちは、もはや、それらの分野の基礎を学ぶために、あらためて人里離れた荒野を捜す必要はありません。彼らは彼らが住んでいる身近なところで学ぶことができます。街の木々は、嵐のときの水の制御、野生生物の生息地、そしてその他の生態学的法則などの自然のサイクルに関する情報を実例として提供しています。情報と創造的刺激の唯一の源である人跡未踏の荒野のイメージは、都会で増えている森に置き換わりつつあります。

庭や木を植えることを通して、都会に緑の自然を多く取り戻すことが可能です。

- 社会の調和——コミュニティの庭においては、経済的、社会的格差はもはや障壁ではありません。トマトを一番うまく育てられる人は、誰でも、その専門知識を共有しようと求められます。このように、園芸は、さもなければ決して会う機会のない人々を引き合わすことができるのです。
- コミュニケーション——窓辺のプランター・プログラムや、コミュニティの庭や、街路樹の植樹を組織化するときは、他の人たちと連絡を取り合って行わなければなりません。地域の人たちは緑の魔法を作るために一緒に働き、そしてその過程を通して、お互いを知るのです。

- 友情――庭園は共通の価値観で互いを新たに感謝しあう善意の場所です。
- 自尊心――人の努力を通じて、植物は育ち、花は開花し、野菜は共有されています。人と植物の相互作用は、全ての人が目にすることができる明確な変化を起こすことができることで、成功と誇りの感情をもたらします。
- 忍耐――植物はそれら自身のタイムレコーダーに従って生長します。園芸をする人はすぐそのペースを学び、人間の領域を越えるリズムに呼応してそれらが働いていることを実感します。植物は地球を動かしている人間以外の力との調和の中に置かれているのです。
- 学習――園芸の過程では常に注意が必要です。植物と人間の無言の対話はタネや根や新芽に関するばかりではなく、地球の共同居住者としての人間の役割に関する情報の源泉になっています。
- 土に触れる――土を掘って、そして緑の自然と協力することを通して、私たちは世界の中で私たちの場所を、より良く理解することを学びます。私たちは、そこに属してくつろげる私たちの心の居場所を見つけます。
- 癒し――庭は歴史的、物質的、精神的、宗教的に人間の幸せの源でした。庭は居場所を見つける存在で、私たちのなかにある基本的な何かに語りかけ、そして現代世界でより容易に機能できるように私たちを助けています。

ルイーズ・ブッシュ・ブラウンが観察したように、「窓辺のプランターや、花壇や、小さな庭は、これらの地域に目を楽しませてくれる美しさと静かに眺める新しい光景をもたらしてきただけでなく、より良い生き方をしようとする人々の心の中にともされた精神の灯火(ともしび)でもありました[20]」。

5 章

Horticultural Therapy

療法としての園芸

被爆樹アオギリ（広島平和記念公園内）

心身の回復に、植物を介した手段として園芸療法、植物といっしょにみんなでしあわせになろうという理念や目的としての園芸福祉活動があります。実話をもとにした映画『パッチ・アダムス』で医師のパッチ・アダムスがクラウンをサーカス団から外に連れ出して、病院や施設、紛争地域などで、道化の意味を我々に気づかせているように、趣味の園芸を地域社会へ連れ出してみましょう。植物の恩恵に新たに気づきます。

植物介在療法

アラバマ州タスカルーサにある在郷軍人病院の24歳の退役軍人は、ベトナムで地雷を踏み、その爆発によって全身麻痺になってしまいました。病院の療法士は彼の全身麻痺がずっと永く続くとは思えませんでしたが、その患者は絶望的になり症状を改善する努力をやめてしまいました。ポール・ミルズはこの物語を海外従軍復員兵協会誌で語っています。

> 春の晴れた日、園芸療法士はピートモスを半分くらい入れた小さなガラスの水差しをベッドのそばに置きました。そして患者が見ている前で、５つの豆のタネを植えました。数日後、そのタネは発芽しました。小さな子葉の命を支えるために、根が徐々に張り巡らされていく様子がガラス越しに見えました。
>
> ５日間で豆はどんどん生長していきました。その療法士はその「奇跡」の水差しを患者には見えない反対側に移し、体位変換で今までやってきたように、今回はその患者の向きを変えないようにと指示しました。次の日の朝、その若い退役軍人は反対側に向きを変え、豆を見ていました。彼が自力でベッドの上で寝返りしたのは事故以来、初めて行った自発的な動作だったのです。
>
> その日以来、その患者の病状は着実に快方に向かい、最後には退院することができました。いまだに車いすの生活ですが、彼は社会に復帰することができました。(1)

日々の生活の中での緑の自然と人との交流は、平和や自尊心の感情を高めることができるのと同様に、人々を生活のプレッシャーから解放します。それは、病院や刑務所のようなストレスが充満している施設にいる人に大きな恩恵をもたらします。これらの環境では、園芸療法は発芽という魔法を使って、心の癒しと自信を手に入れるために、優しくいざ

退役軍人メディカルセンター（カリフォルニア）

なう道先案内の役割を果たすのです。

街中でのガーデニングと園芸療法の効果の主な違いは、視点との違いと細かい事柄です。前者はガーデニングを通して、近隣住民は社会的、経済的なハンディキャップの深い心の傷を癒します。そして、大きな結果として地域は親しみやすくなり改善されます。一方、園芸療法は、患者たちと密接に連携して、植物と人の相互関係に重点を置き、患者一人一人が幸せになることを目的としています。患者が育てた植物は、癒しの過程で生まれる副産物といえます。

園芸療法士は、患者の能力とニーズに合わせて、患者の精神的、肉体的能力をできる限り引き出すためのさまざまな活動を考案し、患者とともに作業をします。うまくいっているのかどうかは、しばしば小さいスプーンでしか計れないほどささやかです。ラベルに植物の名前を書く単純な作業は、精神的、肉体的能力が落ちている人にとっては重要な挑戦なのです。幸運にも、園芸作業は多種多様なため、身体障がいの度合いに応じて作業を選ぶことができます。例えば、シカゴ植物園には、障がいを持つ人々が楽しめるイネーブル・ガーデン（可能性を見い出す庭）

があり、不自由な人たちが利用可能な設備がたくさん設置してあります。いろいろな種類の花壇やプランター、ホースの蛇口などは車いすの人にも、便利に使えるような高さにとりつけられています。培養土で満たされた金網に花の苗を挿して作られている壁面花壇は、車いすの高さでも園芸活動ができるようになっています。工夫された道具を使って、筋肉が弱っている人や腕や足を失った人でも、土を掘ることや、苗を植えることや、刈り込むことができるのです。(2)

園芸療法士たちは、患者の能力を引き出す可能性を判断するためにあらゆる園芸プロセスを調査しています。各々の手順はさらに細かく分解され、その１つ１つの要素がどのように役に立つのか分析されます。苗の移植は細かい運動を訓練することができます。タネや挿し木、あるいは植木鉢の数を正確に数えることができるかどうかによって知的能力を判定することができます。窓台の鉢植えされたベゴニアやセントポーリアは生命の活力ある印であり、空虚な部屋をアットホームな場所に変えるのに役立っています。長期に施設にいる人にとって、バラの蕾が開くのを見たり、トマトが熟すのを期待することは、楽しみであり、そのために朝にはベッドから出るようになります。(3)

園芸作業は患者が被った障がいの程度を判定するのにも役に立ちます。例えば、垂直を知覚できない人たちは、歩行訓練が困難になります。したがって、この問題を持つ患者には、ポットへ苗木を移すように求められます。彼らが植えた苗が傾いて垂直から外れる度合いは、彼らの機能的な障がいの重症度を示しています。

歴史的に、植物は癒しと関連づけられてきました。古代の社会は自生植物の医療的価値を知っていました。もちろん、現代の科学者も、「原始的な」文化と熱帯雨林がこの地球から消去される前に、数少ない、残された「原始的な」文化の秘密を学ぼうとしています。先住アメリカ人の治療的植物の知識は本格的に調査されています。例えば、彼らは、多くの他の植物からの有益な化合物と同様に、バシクロモン（dogbane、キョウチクトウ科）をジギタリス（強心薬）の代わりに、ヤナギの樹皮

イネーブル・ガーデン（シカゴ植物園）

をサリチル酸とアスピリンに関係するサリシンの原料として、ハナミズキを解熱剤の原料として使いました。また他にも多くの植物に含まれている薬効成分を、病気の治療に使ってきました。中世の植物採取者は、植物の医療やその他の主要な用途に関する最古の記述をしています。1621年にオックスフォード大学に設立された樹木園は医学部を充実させるためでした。

18世紀初頭までは、精神病患者は日常的に手かせ足かせをかけられ室内に閉じ込められていました。それから進歩的な考えをもつ精神病院管理者が、患者を新鮮な空気の中で園芸を含む気晴らしをするための活動に参加させようと、足を引きづりながら歩く彼らをなんとか太陽光の下に連れ出しました。そうした施設では、患者はしばしば、職員や患者以外の人々の食料を供給するための安い農場労働者として悪用されました。農業は施設経営を助けるばかりか、患者にも恩恵をもたらすということに、少数ながらも賢明な人たちが気づくまでには、何年もかかりました。

農業と患者の健康状態とのつながりに初めてコメントしたのは、1745

年にフィラデルフィアで生まれたベンジャミン・ラッシュ医師でした。その卓越した人生の歩みの中で、ラッシュはフィラデルフィア・カレッジで最初の化学の教授として勤め、そして全米会議の会員の一人であり、独立宣言書の一人の署名者でもあり、連邦憲法を批准したペンシルベニア州の派遣団の一人でもあり、そして大陸軍の軍医総監でもありました。1812年に、ペンシルベニア大学で医学部と臨床実践の教授をしていたとき、ラッシュは、労働の精神病患者に及ぼす療法的な影響について次のように書き記しています。「どの精神病院でも男性は木を切り、火を起こし、庭で土を掘る作業をしています。女性は洗濯をして、アイロンをかけ、床をゴシゴシ洗っています。そのような患者は多くの場合回復していきます。これは、社会的地位ゆえにこうした労働を免除されている人々が病室の中で命を落としていくのと対照的です[4]」。19世紀末には、精神病患者の屋外での労働を称えるような記述が現れました。

1817年にフィラデルフィアで精神障がい者のための保護施設が開設されました、そして、創立当初から患者たちは野菜畑や果樹の世話をさせられました。最初の大きな温室は72×24フィート（約22×約7.3m）で、1879年に建てられました。フレンズホスピタルの患者は、壮大な美しい敷地を歩き回ることができ、有効な園芸療法プログラムに参加することが許されていました。

1899年には、園芸が知的障がい児の教育補助として導入されました。「庭では、私たちの全ての感覚が敏感になっています。子どもたちが色鮮やかできれいな形をした花を見て、どんなに目を輝かすのでしょうか？　園芸を通して、子どもたちは、触覚がまだ発達していない震える手で、庭の植物やその他のものをつかみ、それを持ち続けながら、冷たいか温かいか、ざらざらしているかすべすべしているか、硬いか柔らかいか、どんな形なのかなど、どれだけ多くのことを学んでゆくのでしょう？[5]」。1900年にG・M・ローレンスは、「子どもに数を教えないでください。1つの花を他の花と区別するのを学んでいるとき、無意識的に葉や花ビラ等の数を学ぼうとしています。そして、重度の知的障がいを持った子どもも、自分の花壇には、友達がその花壇に持っているより多くの花を持っていることを誇りに思うでしょう(6)」と書いています。

ニューヨーク市の低所得地域から、植物が子どもに及ぼす前向きな影響が、ニューヨーク市の宣教師であり、使命感でいっぱいの博愛主義者であるヘレン・スチュアート・キャンベルによって指摘されていました。1896年、チルドレンエイド協会での活動が記されていますが、彼女はイーストサイド・ロジング男子校にある浴場の上に建てられた温室のことについてふれています。「優等生は温室で育てた植物を家へ持って帰ってもいいとされていました。そしてもし、数ヶ月でうまく世話をして、それをさらに生長させ、再びここへ持って帰ったら、ご褒美として他の植物をもらえました。間もなく、最も貧しい人たちの、今にも倒れそうな家々と貧民窟の長屋の窓に花が育っているのを、あるいは、スラム街の悪たれ小僧が赤ん坊を任されて世話するよりも、もっと注意深く植物を扱っているのを目の当たりにしました(7)」。長屋の窓は鮮やかなラベルの付いた古いブリキの缶や、小さな木箱で育った美しい植物でいっぱいになりました。その「花のミッション」は、病人や貧しい人たちに贈るために、いろいろなところから花を集めました。1895年10万以上の花束が病院や老人ホームや療養所に配られました。

1900年代の初期には健康管理局は療法の一部分として園芸の技法を採用しました。1918年までに、ニューヨーク州のホワイト・プレインズにあるブルーミングデール病院の女性作業療法部に、一人の園芸指導者が加わりました。カンザス州のトピカでは、医師のF・C・メニンガー（若いころの自然の楽しみから、植物学の先生としての経歴を持っています）は息子のカールと一緒にメニンガー財団を設立し、1919年の開業以来、その精神科施設は緑の自然が人間を癒す特性を認めていて、各患者のプログラムに庭園散歩と園芸作業を取り入れました。メニンガー財団はアメリカ園芸療法の発展のための指導的な役割を果たしています。

1940年代の中ごろまでに、第二次世界大戦の帰還退役軍人の世話をするために病院が設立され、プロの作業療法士は病院に花や園芸活動をもたらすガーデン・クラブの数千人のボランティアたちと連携して活動しました。ステート・ガーデン・クラブの全国協議会は園芸療法をその目的の１つとして定めました。そして、1968年までに、36の州の4,609の園芸クラブが病院や他の身体的および精神科医療機関に園芸プロジェクトを患者と一緒になって導入しつつありました。全国協議会は、ただ植物を与えられるよりも、植物を育てるプロセスに参加したほうが障がいのある個々人にとっては、より役立つだろうという前提でした。

トピカにおいては、かつて造園を手がけた経歴のあるリア・マカンドリスが､退役軍人管理局の病院の造園に関与するようになっていました。そこで彼女は1946年に患者のために園芸教室を開始しました。病院で精神科の研修プログラムの責任者だったカール・メニンガーは、患者たちに部屋から出て温室で植物を育てるような活動を望んでいたので、マカンドリスは、事実上の園芸療法士になりました。1959年まで彼女はメニンガー財団に園芸療法士として加わり、彼女はそれからの13年間、そこで患者たちのためのプログラムを開発しました。その間、彼女は療法に植物をどのように使えばいいのかという多くの問い合わせに応じました。マカンドリスは､1968年に病院での植物療法的プログラムの範囲と、訓練された園芸療法士の現場の潜在需要を究明するために調査を開始しました。結果は明らかに訓練された園芸療法士の必要性と、現場で興味を持っている人たちの間のコミュニケーション手段が必要であることがはっきりと確かめられました。

園芸療法のもう一人の開拓者のアリス・バーリンゲームは、精神医学ソーシャルワーカーおよび作業療法士としての経験がありました。1950年代に彼女は、園芸を治療に活用するために、材料、ワークショップの実証、用具を研究・開発してきました。ミシガン州のポンティアック州立病院の作業療法士のエリノア・マカーディと協力して、バーリンゲームは“園芸療法”として特別に指定された初めてのプログラムを開始しました。1960年代には、この新しい分野での最初の教科書「園芸を通じての治療」をミシガン州立大学の園芸学部のドナルド・ワトソンと共著で著しました。[8] 4年間のカリキュラムを開発するのに、さらに12年を要しました。このカリキュラムはメニンガー財団の協力を得てカンサス州立大学によって設けられ、今は、リチャード・マットソンが指導しています。それは完全な学問的な研修プログラムを提供していて、学部生と大学院生に対する実習科目も含んでいます。

園芸療法ガーデン（シカゴ植物園）

その新しい専門分野のニーズを満たすためにメリーランド州北部マールボロのメルウッドトレーニングセンターでは、知的障がい者のリハビリプログラムに園芸活動が活用されています。このセンターの理想に燃えた若き責任者のアール・コウパスは、1973年に会議を開催するために20名を招集しました。

これらの出席者には、マカンドリス、メニンガー、コンラッド・リンク、そして、メリーランド大学のダイアン・ヘーフリ（レルフ）たちがいました。彼らの努力の末、1973年にメリーランド州ゲーサーズバーグ326A クリストファー通りにある、アメリカ園芸療法協会（1973年に園芸を通じた療法とリハビリテーションのための国民評議会として設立された）は、園芸療法に興味のある個人または施設に専門的な情報の提供や、地域の作業所への支援、年次総会の開催、出版、園芸療法士のための専門家登録を行なっています。ステファン・デイビスが専務理事をしています。

初期のころは、その組織は初代代表であるコウパスによって丁寧に育まれました。そして事務局長であったダイアン・レルフ（バージニア工科大学）は1975年から1979年まで代表を務めました。編集者として彼女はほぼ10年間その協会の会報を継続的に発行しました。

訓練は、今や、更生施設や、老人センターや、薬物依存者のリハビリテーション施設や、知的障がい者のための職業訓練学校、そして、視覚障がいを持つ人たちの施設など、さまざまな分野で応用されています。それぞれのコミュニティは基本的な園芸の要素を、特別な支援を必要とする人々のニーズに合わせて取り入れています。

身体障がい者リハビリテーション・センター

強い日差しを浴びた池に岩の上から飛び込んだ記憶が最後となり、脊椎損傷の麻痺状態ではあるけれども、まだ生きる望みがある16歳の少女に、あなたはどのように話しかけますか？　あるいは、脳卒中で言葉が出ない70歳の男性と、どのようにコミュニケーションをとりますか？　爪で引っかいた関節炎の瘢痕がある腕を持つ３人の子の母が家事を再開できるように、どんな魔法があるでしょうか？

これらは日々、病院や、養護施設、リハビリテーション・センターで、医療サポート・サービススタッフが向き合っているジレンマです。しばしば、患者は回復のためには必須である物理的療法に反応するにはあまりにも気力がなくなります。近年、人間以外の生き物、例えば、子犬や猫と触れることが、患者と介護者を橋渡しする良好な環境を作り上げるのに、非常に役立つことがわかってきました。「ペット療法（動物介在療法）」は患者と家族のストレスに対して導入され、しばしば素晴らしい結果を出しつつあります。しかしながら、多くの深い心的外傷を負っている患者は、どんなにおとなしい生き物でもその動きについていくことに疲れるか、あるいはついていくのが無理な場合があります。例えば、やけどを負った人にとっては、いかなる物理的な接触も苦痛でしょう。

ある人は心にあまりにも深く傷を負っているので、のどをグルルと鳴らしたり、尻尾を振ったりするわずかな感情的な要求に耐えられないかもしれない。これらの患者たちに対して、寡黙な話し相手である生きている植物は、患者を現実社会に引き戻す糸口となることができます。

植物は、昼夜を問わず、無条件に美を与え、毅然としているので、彼らの苦痛の向こう側にある生命の存在を思い起こさせる一筋の光明なのです。植物はそれ自体傷つきやすいにもかかわらず、そのままでは自分の力ではどうすることもできません。また、世話されなければ、枯れてしまいます。多くの深い心的外傷を負った患者たちは、自分の苦痛から植物の幸せに関心を向けることに頭を巡らしたとき、回復への最初の一歩となるのです。

瞬間的な偶発事故、あるいは、徐々に機能が失われていく慢性疾患にかかわらず、身体障がい者センターには、自分の体や心の一部や時にはその両方を制御したり動かす機能を失ってしまった患者たちがいます。そのような人たちは、腕や足がないかもしれない、あるいはその能力をもはや完全には回復しないかもしれません。聴く能力、見る能力、話す能力に障がいがあるかもしれません。肉体的あるいは精神的機能障がいに加えて、患者たちはまた、それらが失われたことの衝撃から来る不安と情緒的ストレスで苦しんでいます。

ユージン・A・ロザート と ジェームズ・R・ダウバートは次のように述べています。「心的外傷を残すような障がい者は、いつも、自分には何ができないかということに正面しています。介護の必要度や外見的な魅力が損なわれたことの度合いは患者によってさまざまですが、やる気の喪失とうつ病の原因となります。この感情的な苦しみは、障がいそのものから来ているものではなく、障がいの現実あるいは想像から来ているのです[(9)]」。そのため、リハビリテーション施設のプログラムには、次のようなことが織り込まれています。機能回復訓練、患者が損傷した手足が使えるような手助け、あるいは彼らが失ったものを補うことの学習などで、彼らの心身の機能を最大限発揮できるようになるために学び

ラスク・リハビリテーション医学研究所（ニューヨーク大学）

ます。施設のスタッフには、内科医、精神分析医、理学療法士そして作業（園芸療法を含む）療法士がいます。

ニューヨーク大学医学センターに併設されているラスク・リハビリテーション医学研究所では、1954年のイーニッド・A・ハウプトが提供した寛大な贈り物によって温室の建設に必要な資金を得ることができました。ここ「園芸療法の温室（グラスハウス）」では、異分野の専門家チームが患者の特殊なニーズを満たす療法プログラムを考案しています。その温室へ入ると、患者たちはあふれるばかりの植物に歓迎され、スタッフから彼らの病室で育てる植物を１つ選ぶように促されます。この決断をしている間にも、患者たちは他の生物にも目を向け、回復への最初の一歩を踏み出したことになります。

ラスク・リハビリテーション医学研究所の臨床心理相談室の責任者であったジョアン・バーダック医師は、障がい者の自尊心の回復に植物を役立たせる方法を次のように説明しています。

自尊心を育む大きな要因は、自分で実際に何ができるかというこ

言語聴覚士による失語患者の園芸療法

とです。心的外傷を負った障がい者は、すぐに彼らが自分にはできないことに直面します。園芸プロジェクトを通して、周囲の人々は彼らの活動が目に見える結果を生み出すので、彼らが何ができるかを明確に知ることができるのです。例えば、植物の生長、もとは１つだったものが２つに育つなどです。障がい者は植物を育てて生産する直接的な体験をします。外見的な魅力が損なわれたことが自尊心の喪失の原因になっています。しかし、花を育てて、まだ美しさを他の人に与えることができる、ということを直接的な経験を通して知ります。こうした包括的なアプローチで患者に語りかけるという園芸療法のような治療法は、人が生きていく上で心と身体が切り離せないという理由ばかりでなく、心身の調和を回復させる可能性が高いので効果的です。[10]

植物を介在させるプロジェクトは、人生から孤立し、そして長期間施設に収容された患者の苦痛を減らすのに役立ちます。施設に収容されている患者は、自分の衣服を着替えることも、自分の家具に囲まれて生活することもできず、自分の存在価値を喪失し、自立した生活が送れなくなってしまいます。しかし、彼ら自身の私的空間は、患者の病室に生きている植物を置くことによって作り出すことができます。ポットに植えたゼラニウムのような小さなものでさえ私的な所有権は、個人の感覚である自分の植物を持つことに一役買っています。感情によって増加する運動機能障がいが増す患者にとっては、植物の沈静効果は特に有益です。植物と一緒に働くことは、彼らの内向的な先入観を減らし、彼らの注意を他の生きているシステムへと向かわせます。完全に生きることを頼りきっている植物に注意を向けます。

病院の患者は次から次へと行われる投薬、注射、体温測定に攻めたてられ、自分を萎縮させるものにさらされています。それらはいつも障がいを思い起こさせます。園芸プロジェクトは、彼らにそれらの役割を逆転させることができます。主導権を持っているのは患者であり、取り扱いを受けるのは植物です。患者は植物が必要とするものを準備しなければなりません。水やり、刈り込み、そして肥料。そのようなプログラムは、しばしば苗木を作ったり、花を生けたりするときにクライマックスに達します。そして、それらは患者が贈り物として他の人に与えることができるのです。自分以外の生きているものを育てたり、個人的な何かを他の人に提供したりする機会は、いつも受け身の立場に置かれている苦しい状況の緩和に役立ちます。それは達成感と自主性の感覚を回復させます。

リハビリテーションは、通常、手足や感覚を再訓練するために必要でかつ面倒な訓練を含んでいます。しかし、園芸療法は、これらの活動を喜びの経験に換えることができます。切断手術を受けた人や利き手が使えなくなった人にとって、その代替機能を再び得るために植物を育てることは、決まりきった物理的な訓練よりはずっと楽しいのです。多くの反復的な園芸の仕事――水やり、植えつけ、枯れた花や葉を取り除くことは、義足をつけた訓練を楽しい活動に変えます。上肢が不自由な人たちは、園芸プログラムは握ったり放したりする機能を改善させる興味深い方法だと気づいて、彼らの指に感覚を取り戻します。軽い身体的活動は、心臓に疾患のある患者や、身体を使い過ぎてはいないけれども訓練が必要な患者にとって理想的です。

29歳の薬剤師であるスウィー・ライアン・イは、重度の脳血管障がいでラスク・リハビリテーション医学研究所に入院しました。初めてそこの温室を訪れたときのことをこう語っています。「それは私がその建物を歩いて通ったときでした、とても静かで、植物が青々と生い茂り、健康的な甘い香りの土の匂いでいっぱいでした。そして私の苦悩が引いていき始めました。そこは、私が発作を受けた日以来経験したことのない落ち着きを感じました。私は、サボテンの花が咲いているのに関心を持ち始めて少し経てから、自分のことや自分の問題について忘れてしまっていました。まるで自由の身になったようでした」

彼女は、「車いすに乗った人々が忙しそうに土を混ぜ、ゼラニウムを鉢に植え、水をやり、植物の標識をつけている」のを見ました。彼らの会話がないのは、もはや言葉を操ることができない失語症であることを意味していました。「私は彼らと同じ立場に身を置いて初めて、彼らの苛立ちとやるせなさを理解しました。しかし、何かワクワクさせられるものが、少なくとも温室の中にありました。植物と一緒に働くこと、苛立っていない柔和な顔、ただ、彼らが植物と一緒にしていることに没頭している姿だけでした。温室は不安を取り除いていました[(11)]」。スウィー・ライアン・イは、回復を続けて園芸の基礎を学びました。そして園芸療法士となりました。彼女は、仕事をうまく成し遂げた患者の姿を見ることができるというこの喜びについて、「この幸せな気分は、毎日、何が私を待っているのかをとても知りたいのだと気づかせます。それは新しいバラの蕾を形づくり、あるいは、患者が温室へ向かうときの楽しげなほほえみかもしれません。この人々と植物の絆は、とても美しく、私の人生を価値あるものにする永遠なものです[(12)]」とコメントしています。

うまく植物を育てることは、患者に、彼らの生活の他の領域でもうまく対応できるだろうという希望を与えることができるのです。ラスク・

リハビリテーション医学研究所の最初の園芸療法士であるハワード・ブルックスは、次のように述べています。

> 動機づけをしたり、手を差し伸べることが難しそうな何人かの患者がいます。植物と一緒に働くことは、刺激を与えたり、反応を起こさせるかもしれません。コップの水の中に入れた挿し木の根の生長や、あるいは今にもほころびそうな蕾のような、単純な何かは、問題を解決する糸口を与えるかもしれません。園芸の最大の利点は、それが静的な活動ではないことです。常に何かが起こっている。新しい芽が、双葉が、葉ができている、花が開いている、あるいはしおれている、そして花がらは摘み取られなければなりません。そして、そのサイクルがもう一度始まります[13]。

ブルックスは次のように指摘しています。援助を完全に他人に頼っている重度の機能障がいの患者にとって、世話や食物を彼らに頼る生き物と一緒にいることは、これから生きていこうとする意欲を呼び起こしたり、将来への希望を与えることができます。園芸のあらゆるプロセスには、大きな療法的な価値が存在する可能性があります。植物を支柱につないだり、結んだりすることを通じて、他の人の援助なしに立つことができないために失意を感じている人は、人間以外の生き物もまた助けを必要としているということがわかります。植物を助けるという１つの行為から、それは人を援助するという関心がわくことへの小さなステップです。彼らが、あるいは植物から暗示を受けた人が、文字どおり一人では立てない人たちを援助することが、純粋に働き甲斐のあることだと理解します。数や空間のような抽象的な概念に対応する能力が、単純な園芸の仕事を通して評価され、強化されることが可能となります。鉢に土を満たすことは、空間的な認識を示すことができます。どのように早く土を鉢に移せるか、そして入れ過ぎにならないか？　数量的な理解を試すには、患者は一束の発根した挿し穂を渡され、一鉢ごとに何本植えるのかを告げられ、必要な鉢の数を選ぶように頼まれます。もし、このおよその計算が難しすぎるとなれば、患者は、一鉢ごとの挿し穂の正しい数を数え、その挿し木をポットの横に置くことができます。そして、その手順を繰り返すのです。実際の仕事では最初の段階である挿し穂の植えつけや、タネを蒔いたり、苗木の植え替えなど極度の集中を必要としますので、この園芸作業は注意を集中する能力を測るには好都合です。

病気、脳性麻痺、脳卒中あるいは頭部外傷によって抽象的推論ができなくなります。これらのケースでは、例えばそれ用に準備されているもの、準備されていないもの、あるいは、根を発根ホルモンに浸けられているものなどのカテゴリーに応じて挿し木を選り分けるような仕事は、機能消失の度合いを示すことができます。あたかも出口のない無限にその中でぐるぐる回っているメビウスの輪の中に捕らわれの身になっているように、脳を損傷している人々は、しばしば、目的の定まらない同じ動きを繰り返す傾向にあります。園芸療法を通して、これらのエネルギーは、易しく有益な活動に変えられます。１つは、鉢の水抜き穴を壊れた破片で塞ぐことを学ぶ方法です。これは、１つの穴に１つの破片を持ってくることからスタートして、それから、徐々に２つの穴、３つの穴、４つの穴の鉢に移す動作をコントロールするように患者を訓練していきます。意味のないものが目的を持った活動に変換される可能性があるのです。

多くの知覚の問題もまた、園芸のテクニックを受け入れやすいのです。１つの側を見ることができない視野障がいを持つ患者に対して、用いられる材料は、あえて反対側の見えない側に置かれます。この単純な練習は、視野の欠損を補うように、本人の頭を回すことを学習する手助けとなります。

園芸療法は、社会的な恩恵も同様に提供します。園芸チームは身体的な欠陥よりは、なされるべき仕事を基本として形成されるので、異なる障がいを持つ患者たちは、一緒の療法グループに参加します。１つの園芸プロジェクトを完結するために他の人々と一緒に行動することは、利己的な戦いに勝つために日々努力しているストレスから解放します。さらには、園芸の技術が高く評価され必要とされる地域では、患者が身につけた園芸技術は患者の社会復帰の速度を高めます。

一方、ラスク・リハビリテーション医学研究所の園芸療法士であるボディル・ドレシャ・アナヤは、初めは園芸活動に参加するのを拒んで温室の外から中を観察している一人の患者に出くわしました。数日後、彼は思い切って園芸療法の温室の中に入ってきて、誰もが楽しんでいるように見えたと、うらやましそうでまた残念そうにコメントしました。アナヤは、彼の躊躇はベゴニア協会の会長である彼の妻とこの分野で競うことはできないと感じたため、園芸活動をあきらめていると理解しました。そこで、アナヤは彼を別の植物を用いる園芸プロジェクトに登録しました。盆栽を育てているプロジェクトに。会社の重役であるその患者は間もなく、植物を望むように小さな形に管理していくことに喜びを見出しました。盆栽は樹齢が長いので、いつか孫が彼が始めたものから、喜びを感じるときが来るだろうと思うと楽しみでした。彼の興味は退院してからも続いていきました。そして後に盆栽の専門家として認められました。

発達障がい

知能の発育が制限されると、学ぶ能力と機能が損傷を受け、その時点から、知能が制限される可能性があります。知能の発達が標準よりも遅いため、発達障がい者は、学習や社会的な調整や経済的な生産性の難しさを経験します。障がいの程度によって、社会への適応力に影響を及ぼします。精神遅滞や自閉症、小児麻痺、あるいはてんかんは、しばしば妊娠中のアルコールや麻薬の使用による心理的、遺伝的、または感染症から生じます。そのような障がいは一般的に寿命には影響しませんが、そのような障がいを持った人は、健常者に適した一般社会に、どのように立ち向かうかを学ばなければなりません。

重症心身障がい児と園芸療法

そのような社会では、即座にニーズに対応できるように、そして、状況に応じた態度や対応をすることが必要です。そのような行動は脳に障がいを持っていたり精神的発達が停止している人たちの持っている能力を超えています。療法士たちは、これらそれぞれの人たちが達成しうる作業能力を最大に伸ばそうと試みます、そして、園芸はこの目的のために有効な１つの方法です。療法プログラムは患者の年齢と技量のレベルに合う活動ができるように開発されることを目指しています。園芸活動は年齢に関係なくできるので、子どもだけでなく大人でも各自のニーズに応える適切なプロジェクトを提供することができます。その価値は世話をしてもらった時間の経過とともに反応する植物が、本来生きている自然の中にあります。植物の生長は、知性や技量や成熟度などの数多くのレベルで人間との相互作用が生み出す普遍的な魅力を提供します。

リアリティ・オリエンテーションとは、今日とった行動が将来へどのように影響するのか思いが巡るようになることで、植物が実を結ぶようにタネを蒔いたり、その植物を育てたりすることを通して実証されます。植物を育てている間に生じる連続的な変化は、タネを土の中に蒔くことで起こる目に見える結果です。それぞれの身体的なステップは、土を混ぜ、鉢を満たし、タネを鉢の中の適当な場所に蒔くことが必要でした。このことは細かい運動能力を要する作業をこなすようになれるチャンスです。苗木を育てることは、生長過程の順序や、一連の作業からもたらされた成果に関して学ぶことができる生きた授業です。

シカゴ植物園の園芸療法士であるマシュー・フレーゼルは、しばしば発達障がいの患者は言葉の指示では反応できないということがわかり、患者が彼の動作を真似するように指導しています。彼は色が暗いテーブルの上にタネを置きます。そして、その1つを指でつまみ上げます。それから患者に、彼らが理解して1つのタネをつまみ上げるまで、マシューの動きを真似するように促し続けます。次のステップは、土の入った鉢にそのタネを置くことです。すべての作業を細かいステップごとに手取り足取り教えていきます。重度の発達障がいを持つ患者と作業を行う場合、マシューは彼の手を患者の上に添えて、その手を彼が教えたい動きのとおりに動かしていきます。植物がどのように芽を出すかを学んでいる一方、患者はまた、人の指示に従う体験をしているのです。

子どもたちには、タネや土、水の基礎を学ぶことは、おそらく複雑過ぎます。植物や花が持っているさらに高度な概念を学べるかどうかは、その子どもたちの発達状況がそのような状況を学べるかかどうかにかかっています。マシューは、療法士は自分を患者のレベルに合わす必要があり、そして患者たちが十分理解できる方法で情報を提示できるように、彼らを理解することを学ばなければならない、と言っています。

あらゆる状況でどのように振る舞うか、いつも決まりきったことを言われる人の生活に対し、植物と一緒に活動することは、画期的な変化をもたらすことができます。イリノイ州のゴドフリーにあるビバリーファーム財団の園芸療法士であるマーク・スミスは、発達障がいの人々が自分でものごとを決められるような効果的な環境を作ることを試みています。彼は、発達障がい者が生活の中で決断していくことは、彼らの尊厳や価値や自立性の実現を育んでいると言っています。例えば、どの植物を彼らが育てようとするのかを選択することが、いつでも可能になれば、彼らの生活における意思決定を、以前のように再び取り入れることができるようになります。彼らは、自分の行動を導くのに誰かに頼るよりも、自分自身で考えて、決断していく自信を育てる必要があります。

スミスは、人に指示されなければ自分からは何もできない一人の男性について語っています。その人が日頃指示されているものの1つに清潔を心がけることがありました。彼は園芸プログラムの一部として土を混ぜるように頼まれると、そのプログラムに参加するのを断っていました。他の人がこの仕事をするのを見ながら、この活動に接して、ある日、土の中で彼の手で土を掘って混ぜるという決断に至るまでに、一年半かかりました。それは驚異的な現状打破でした。そしてそれは彼の進歩の始まりでした。以来彼は園芸の職業訓練プログラムを受けるに至りました。

ニューメキシコ州のコラレスにあるラ・パロマ温室でシッド・テイラーはニューメキシコ州知的障がい者協会から支援を受けている園芸ワークショップを担当しています。彼は、植物は患者を落ち着かせる効果を持っていると信じています。患者たちは、自分のこぶしでガラスを叩き割ったり、スタッフや同僚を叩いて感情をあらわにして凶暴になることはありますが、テイラーが一人の患者が植物に対して敵意を爆発させているのを見たのは一度だけでした。それはテイラーが初めてラ・パロマに来たときに起こりました。テイラーは体重が300ポンド（約136kg）もある患者に遭遇しました。彼は険悪な雰囲気でした。彼らは温室の中にいました。その患者が植えたばかりのポインセチアの鉢を取り上げて床に投げました。テイラーはまだ何が次に来るのかよくわかりませんでした。しかし、攻撃されやすい姿勢をとると、患者がテイラーに暴力を振るうかもしれないと思ったのですが、鉢を拾うために、テイラーはかがみました。鉢が床に打ちつけられるとすぐに患者の顔が不安の表情に変わりました。そして、患者もまた、急いで鉢から放り出されたポインセチアを拾い上げるために腰をかがめました。

リハビリテーション・プログラムは、障がい者が、より大きな社会で自立した生活が送れるよう、障がい者支援センターの作業所や実社会の仕事で使えるような技量を持てるように考えられています。メリーランド州、北部マルボローのメルウッド園芸研修センターのプログラムは、患者を園芸関係の職場で実習することを通して、実社会で働けるように設計されています。その職業訓練は、仕事を持つために必要な全ての観点を対象としていて、仕事場に時間内に到着すること、仕事とその対価の関係を理解すること、他の労働者との人間関係を把握することなどを含んでいます。その訓練施設には温室や小売店など発展的に障がい者たちが自給自足できるような農場があります。園芸の多くの仕事には、繰り返し行う性質があります。水やり、土を混ぜること、苗木の移植、植物の植えつけ、これらは、多くの発達障がい者に適しています。彼らはその繰り返しに飽きることなく、忍耐力があり、仕事をうまくやることに誇りを持っています。

メルウッド園芸研修センターの以前の訓練生は、温室内での生産や、土地の維持、園芸産品の市場での販売の仕事に携わっていました。しばしば、植物そのものがその発達障がい者と一般市民を結ぶ架け橋になってきました。植物の自然な魅力は、しばしば、植物とともに働く人々に、産業界で時々見られる創造性に乏しい組立作業より、もっと生き生きした経験を提供するからでしょう。園芸作業を行うことで、障がい者の潜在能力が最大限に引き出され、彼らなりに実社会で健常者とともに生きていくことが可能になるのです。

高齢者施設

シェークスピアの「お気に召すまま」は、人生について、「乳母の腕の中で弱々しく泣いて乳を吐く赤ちゃん」として始まり、そして 「歯が抜け、目が見えなくなり、食べ物を味わうこともできなくなる」と結んでいます。

急速に高齢者の数が増加しており、彼らのニーズへの対応が急がされている現在、人生の最終段階である老年期に生ずる諸問題について綿密に検討されています。老人に対する関心は、社会的かつ極めて個人的です。私たち個々人は、誰でも、もし幸運であれば、いつかは高齢人口に加わることになるだろうということを知っています。

45歳以上のほとんどの人々は、記憶のどこかに残っているはずなのに、人の名前がすぐに思い出せないといったもどかしさを感じたことがあるはずです。そのような記憶のつながりの錆びは、しばしば、加齢とともに増えてくる問題の始まりを示しています。心の柔軟性を失うと、人との意思疎通が思うように図れなくなることを心配し、人との交わりを避けるようになり、孤立し、さらに他の機能を失ってしまうのです。それは、悲劇的な結末の可能性を持つドミノ効果の１つです。

肉体的な衰えもまた、加齢に伴うあたりまえな結果ですが、病気になるとさらに動きが鈍くなります。高齢者は、孤独や孤立、無気力によって監獄の中のような生活になる可能性があります。自分の子どもたちは成人し、彼ら自身が親となっていきました。もはや、彼らは両親の世話、知恵、愛や忠告には依存していません。過去の興味や興奮をもたらした活動は、今や、高齢となり、たびたびその運動能力を超えています。強い興味のある生活を送る機会、将来の出来事への期待、重要な決断が必要なこと、子どもたちの生長と発展を見守ることは、高齢になると少なくなります。特に制限された生活環境にいる人たちにとっては、未来はないのです。何も変哲もない日々を送ります。重要な出来事が来ることを感知するレーダーの感度が弱くなっているので、未来への水平線は限定され貧弱になってきます。

高齢者に対する園芸療法プログラムは、さまざまな方法で、これらの問題に対処しています。例えば、窓台に１つの植物しかなくても、園芸は、傷つきやすい命を世話するその人に責任を負わせます。その命がその人に依存することから、植物は、今では成長して独立していった子どもたちの代わりになることができます。ニューヨーク州ヴァルハラにあるルーステイラー老人センターのマキシン・ケイプランは、親戚の家に泊まりに行ったある入所者がセンターに戻ってきたときのことを次のように話しています。彼女は、非常に楽しい数日を過ごしていました。そして、外泊からセンターへ帰る準備をしました。彼女の親戚は彼女の外泊をもう少し伸ばすように誘いました。しかし、その女性は反論しました。「私のセンターの部屋には植物がいっぱいあるわ。この子たちは私を必要としているのよ！　私は私のベビーから離れることはできないわ」。

植物は、生長していく中で先が予見可能であり、はっきりと、高齢者が楽しみを持てる未来を宣言しています。人は、新しい芽や茎を、葉を、花を、そして果実を想像することができます。植物の世話をしてきた人の苦労が報われます。私たちは植物の中に肉親のような絆を認めます。地球上にずっと広がっている生命のタペストリーを織りなす他の糸とつながっているように、私たち生き物もその一部です。植物は地球の生命体を創り上げた力を控えめに表しています。私たちが明日を楽しみにすることは、昨日も思い出すことと同じように大切です。心から次第に姿を消していく時間を思い出すことは、いきいきとした心を維持するのに役立ちます。そして、それは知的な刺激の大切な源を提供しています。

逆説的に、植物は将来の希望をもたらしますが、一方、過去も呼び起こします。香り、形、あるいは味は、長いあいだ忘れていた人々や場所、子ども時代にまでさかのぼる長期的な忘れられた記憶を思い出すきっかけとなります。すり潰したバジルの鼻にツンとくる匂い、チャイブの辛味、ミントの葉から立ち上る快適な新鮮さは、家族の食事を準備していることや、これらのハーブを使うのが好きだった、愛する人の心に眠っている記憶を呼び起こします。

園芸療法プログラムは、老人施設では屋内か、あるいは屋外で行われるでしょう。高齢者がもしシャベルや、鍬や、くま手を使うことができれば、地面の花壇は手ごろな園芸の場です。しかしながら、もし、地面の花壇の作業で必要な腰を曲げることが困難であれば、レイズドベッド（立ち上げ花壇）が腰を曲げる代わりになります。レイズドベッドは、逆さにした下水管あるいは煙突から鉄道の枕木まで多種多様な材料

重症アルツハイマー患者の園芸療法（ポートランド）

から簡単に作ることができます。レイズドベッドでは、土の高さは地面から約２フィート（約60㎝）の高さになっているので、植物は車いすに座っていても、あるいは車いすから立ち上がっても、ちょうど手が届くところにあります。その花壇の幅が４フィート（約1.2m）以下であれば、両側からその全ての場所に手が届きます。

屋内の活動には、植物の繁殖や鉢植えを、あるいは生の花の、またはドライフラワー（しばしばその住人によって育てられた）のアレンジメントが含まれます。ムギワラギクは、切られた後もその形と色を留めているので、特に好評です。そして細かい動きを練習するために、収穫した花の株元に針金を挿入して折れない茎を創ります。枯れそうな、あるいは枯れた花や葉を取り除いていつもその植物を最高の状態に維持していくような仕事でも、世話をする人に達成感をよみがえらせます。それぞれプロジェクトは、それに参加する人がディッシュ・ガーデン（大皿の中に植物を植えつけて作る小さな庭）を作りたいのか、あるいは花のアレンジメントや手芸品を創りたいのかを自分で決めて、自尊心を高めるための絶好の機会を提供しています。

退職者のための施設や高齢者福祉施設では、園芸療法プログラムは、生活を向上させます。参加者は、いつもほかの人たちと会い、そして仕事をするために、彼らの孤独な部屋から出ていく気にします。彼らの園芸技術のレベルがどうであれ、習得可能な作業を選ぶことができます。初心者はコリウスやアイビーのような簡単に根を出す植物を切ってコップの中の水に挿すことから始めることができます。十分に根が張ってきたと判断したときに、ポットにそれを植えることができます。こうした簡単な作業でも、ポットや土を扱ったり、植えたり、水をやったりする身体的な運動と同様に、判断するための心の訓練を必要とします。一方、庭の植物にラベルをつける間に、患者は再び細かい動きと心の働きが高められ、さらにラベルに名前を書き、該当する植物の近くにラベルを置くことで、また、その作業を行った人は、その植物との絆を作り上げます。ある意味、植物を確認することによって彼らは植物と自分の関係を確認します。

少なくとも1940年代の終わりから、アメリカ社会には新しい形の人種差別、つまり年齢による人種差別がありました。この現象の１つの原因は人々が移動しやすくなったことです。各世代の人々は、もはや同じ家に留まらない、あるいは同じ街にさえ留まりません。その傾向は歴史的に先例があります。大陸へ新天地を求めるために親密な家族との関係を絶ち（あるいは、アフリカ系アメリカ人の場合は、強制的に連れてこられた）、地球のあらゆるところからあえて危険を冒し、不安な気持ちあるいは絶望的になりながらやってきて、アメリカ合衆国の人口は大きく増えました。この国を横断している途中、移民たちは彼らの思想が矛盾するところではどこでも先住民を追い出しました。そのうえ多くの場合、先住アメリカ人家族の文化は同様に疎外されてきました。

昨今、このより豊かな土地を求めるアメリカ人の嗜好が、さらに強められてきました。20世紀の数多くの戦争の間に人々が住み慣れた土地から立ち退かされ、大陸を横断する高速道路や通信システムが開発され、巨大企業の拡張に伴い、定期雇用者を都会から都会へ移動かせるようになりました。このことはアメリカの家族を深刻で、かつ思いもよらない方向へ変換してきました。

多世代が一緒に住んでいた農家は、一般的に小さなアパートか、あるいは親（たち）と子ども（たち）にちょうどいい単一家族の家に置き換わって「核」家族となりました。高齢者は、しばしば、彼らの子どもたちが巣立っていった後に取り残され、今では老人居住地区または施設で一人暮らしをしています。多世代の家庭にあった知識や礼儀、作法、考え方、価値の豊かな伝承は失われてきました。多くの子どもたちは彼らの祖父母との関係から得られた昔の祖先の家系の流れを奪われ、過去のつながりは薄れ、歴史感は欠如していき、将来の自分の姿を予想することは困難です。

人々は、それぞれの世代の仲間同士で学ぶだけで、その孤島に隔離されていて、他の世代から長期的なものの見方を学ぶ機会はありません。新大陸の移民のように感じるほど急に習慣が変わっていき、高齢者世代が見ると、異なった価値観の若者が支配する大陸となりました。この状況を改善する創造的な努力の中で、子どもたちと高齢者たちの両方を救う統合的なプログラムが開発されつつあります。そのプログラムは子どもたちと高齢者たちがそれぞれお互いから学び、お互いを隔てている経験的なギャップに橋を架けるものです。

その中でも、特に成功したジョージア州アトランタのプロジェクトがあります。1984年に、ウエストミンスター・スクールの小学２年生の担任教師だったジーン・アーは、学校の目標である地域社会貢献活動を行うために、高齢者のためのウイリアム・ブレマン・ユダヤホームと接触を持ちました。老年学に関心のあった彼女の興味を生かして、彼女とそのホームの社会福祉士は子どもたちとホームの入居者がいろいろな協働のプロジェクトに参加するプログラムを開発しました。そのプログラムを始めるにあたって、ホームの社会福祉士が学校を訪れ、施設と入居者を児童に紹介します。それぞれの児童は、活動を一緒にするための一人の「友達」を選んでもらいました。ブレマン・ホームへの訪問の前には毎回、子どもたちはそれぞれの新しい友達に披露する歌や寸劇の稽古をします。ジーン・アーはお年寄りたちが、どのような一日を過ごすのかを考えるための授業時間を設けて、児童たちに出会いの準備をさせています。質問に対する答えは、小学２年生を理解するよいヒントになります。

1．年寄りは何歳ですか？
—50以上65、50または60
2．お年寄りは何をしていますか？
—ロッキングチェアを揺り動かしている。いっぱい休んでいる。チェッカーやトランプで遊ぶ。本を読む。おしゃべりをする。編み物をする。座ってテレビを見ているか寝ている。
3．年を取ってきたらどこに住みますか？
—子どもたちと一緒にアパートや家に。老人福祉施設に。自分の家に。養護施設に。
4．お年寄りはどのように見えますか？
—何人かはひげを生やしている。みんな目が不自由。立派。皺が多い。眼鏡をかけている。素敵で優しそう。
5．お年寄りは楽しみに何をしていますか？
—孫たちと遊ぶ。チェッカーをする。トランプをする。テレビを見る。運命の鯨（テレビのクイズ番組）で遊ぶ。おばあちゃんは編み物をする。何人かは散歩に行く。たくさん話す。マーケットへ行く。
6．お年寄りは幸せですか？
—〔ほとんどは“はい”にチェックマークをつけています〕
なぜなら彼らはいつも友達を持っています。まだ生きています。やることが一杯ある。わからない。もう一度若くなりたいと望んでいる。何人かは幸せだけど何人かは不幸だ。
7．お年寄りに話をするのは好きですか？
—〔ほとんどは“はい”にチェックマークをつけています〕

話をするとお年寄りが幸せになる。面白い思い出話をしてくれる。彼らは面白くて素敵だ。私は彼らに話をすると彼らが幸せになったり素敵になったりするのが好きなだけ。彼らの経験話を聞くのは面白い、なぜならその話が素敵だから。

そのプログラムでは当初、１学年度に１回か２回ホームを訪れ、子どもたちが入所者たちと図工を一緒に行っていました。お年寄りたちが若い訪問者とともにするプロジェクトで使う粘土やその他、身体にやさしい材料を準備するのは入所者の責任でした。その学年度末には、子どもたちは、彼らの友達に手紙を書いて、お祈りするときに友達のことも祈るように勧められました。翌年度には、年間の交流機会が５回に増えました。そしてそのホームの園芸療法士であるサンドラ・イプシュタインが加わるようになりました。彼女は子どもたちとお年寄りが一緒にする行動は、植物を利用する絶好の機会となることがわかりました。

今では、毎回の訪問の前に、入所者たちは彼らのパートナーである生徒と活動したいプロジェクトを選んでいます。特に成功しているプロジェクトは、ディッシュ・ガーデンです。入所者たちはホームの温室を使って、あらかじめうまく計画を立てます。最初に、彼らは繁殖させる材料を選び、それから子どもたちが訪問するまでに、いつでも植えつけられるように発根させておきます。

活動の部屋は、丸く机を並べて、子どもと友達がすぐ横に座って隣同士で一緒に彼らのプロジェクトで活動できるように工夫されています。イプシュタインはその円の中心にいて、誰にでも手助けできるようにしています。パートナーたちは一緒にディッシュ・ガーデンに植物を植え、後で、二人の間の関わりが関心の的になるように、子どもがそれを育てるようになります。子どもたちからの手紙は、しばしば、ディッシュ・ガーデンの植物の生長が話題となり、植物や花のスケッチが添えられています。その手紙は入所者によって大事にされ、彼らの部屋の壁に飾られます。

ブレマン・ホームの入所者は視覚障がい、身体障がい、精神障がいなどに苦しんでいますが、彼らのハンディはプログラムの成功には影響しませんでした。むしろ、お年寄りの不自由が、しばしば子どもにとって大切な教えになる機会となっています。訪問中に、そのグループが一緒に食事をしていると、子どもたちの幾人かは老人がフォークがうまく操れないので服の上に食べ物をポタポタ垂らしているのに気づきました。子どもたちの中には、食べ物をこぼさずに食べることができなかった大人を見て笑う子もいました。学校に戻って、その出来事は深い議論になりました。子どもたちは障がいに関して、不自由なことにひどく苦しんでいるお年寄りは、笑われたことによってものすごく恥ずかしい思いをしたのだということを学びました。子どもたちは障がいを持っている人たちへの理解を深めるようになり、高齢者の立場になってものごとを考えるようになりました。

家族の日には、子どもたちと入所者たちは彼らの家族の写真を持ち寄ってお互いに見せ合っています。そして子どもたちはインスタントカメラを使って彼らの友達であるお年寄りの写真を撮ります。授業に戻って、その写真は、友達について級友と話しができ、活動の関心の的になります。この催しの一部として、園芸療法士は子どもたちに植物の仲間についてや、それらがお互いにどのように関係しているかを説明します。

時々、友達が死ぬことがあります。このようなことが起こると、ホームではこの悲しいニュースを伝えるために子どもの両親に電話するように教師に申し入れます。次の日の授業では、みんなで死についてその気持ちを深め、そして死に対して気持ちをどのようにすべきか試みます。このように、このプログラムを通して、子どもたちは生きていくことについて最も深い意味を扱うことを学びます――命、成長、死、深い悲しみ、友情、そして思いやりなどです。

両親の強い理解を得て、そのプログラムは非常にうまく成功しました。重要な役をになったのは教師です。クラスの子どもたちは毎年替わります。ホームの入所者も替わります。しかし、教師は依然として替わらないままです。教師の興味と指導力は、児童に準備させること、問題をすぐに取り扱うこと、手紙を書くことを始めること、恐怖や誤解を和らげる術（すべ）を持っていることによって、そのプログラムを継続することができます。子どもたちは、彼らの協働のプロジェクトを楽しみにしていて、彼らの植物の生長を知らせ合って友達関係を保っています。若い人々との交流は、楽しみと希望の輝きを入所者にもたらします。入所者は施設の外のコミュニティとつながっていることを知り、一方、子どもたちは奇妙な見知らぬ人という先入観でなく、現実の人々としてお年寄りと接することによって学んでいるのです。サンドラ・イプシュタインは、子どもたちの生き生きとした生命力に溢れんばかりの存在が、楽しそうな話し声、笑い声、そして歌声が老人ホームに新しい息吹を吹き込み、園芸を通しての世代間交流は成功することがわかりました。

ウエストミンスター・スクールでのプログラムは、彼らが育てている植物を通してお互いを知ることを学ぶコミュニティの庭へと広がっても同じような効果を生みます。そのようなプログラムは全ての参加者に明らかな効果を及ぼします。全ての植物のプロジェクトは世代間の相互作用や友情、分かち合いの気持ちやパートナー間の交流を促進するようになるのです。

精神病院

シカゴ植物園はノースウエスト病院内の市民キャンパスで、精神病患者に対して園芸療法を導入しています。園芸活動はその建物の前の歩道のプランターで行われます。一人の患者が、参加することが何を意味するのかを説明しました。「病院の中にいると私は自分自身が大きな問題であることを感じます。しかし、私が外のこの庭にいると私は問題をかかえた一人の人間にすぎないと感じます」

植物が生長していくさまざまな様子は精神病患者の回復を促します。カンサス州のメニンガー・クリニックの園芸療法士であったアンドリュー・バーバーは次のことを確信しました。「種子の発芽、栄養生長、開花および結実は人間の成長の基本的な概念と密接な類似点を持っています。水をやったり、肥料をやったり、悪い天候から植物を守ったりするような一般的な園芸の仕事は人間的な意味合いを持っています。温室のつくりは、母の子宮のように安心していられる雰囲気を醸し出しています」。彼は温室を中心にして行う活動は、患者が現実との接触を取り戻すために役立っていると指摘しています[(14)]。

療法としての園芸の有効性は、それがほぼ全ての治療活動において人間の感情、経験、発育の問題の広い範囲に及んでいるという事実です。人々は手軽に、植物のライフサイクルと彼ら自身のライフサイクルを比較して、「発芽と誕生、慈しみと世話をすること、予期せぬどんでん返しと心的外傷や喪失感は、植物と人間の両方の世界で展開されて、実際に力強く進んでいるドラマです。園芸療法はしばしば、患者が、日常生活で格闘しながら経験していることを植物の世界に縮図として再現する機会となっています[(15)]」。

社会にうまく適合できない人は、庭あるいは温室で自信を得ることを学ぶことができます。そこでは、訓練されたスタッフの指導のもとで、彼らが世話することで、植物が花開くために生長できることを発見します。彼らの能力が成功体験を楽しく実感できる証しです。公営住宅での園芸家と同様に、患者は多大な時間と労力を費やして、育てた植物の姿と自分自身を重ね合わせて考えます。しかし、植物と人間との関係は、人間同士との関係とは１つの重要な点で異なっています。植物は言葉を返せません。バーバーは母親が温室を訪問している間、園芸療法活動でとても効果のあった若い患者について述べています。その娘と「悪い母親」の関係は、恨みととげとげしさで満ちていましたが、温室にいることで、患者は緊張と怒りを彼女の植物への深い母親らしい気遣いに変えたかったのです。

私たちの言葉は人々と大地との間の強い本能的なつながりを浮き彫りにしています。私たちはそれを「母なる地球」、「父なる大地」、そして

「土に還る」といった言葉で、表現しています。「人間と大地との絆を本能的に理解しています。症状の最も重い患者がしばしば、温室や園芸活動をすることで回復に向かい、そこが彼らの心の再生する場所であることに気づく理由なのかもしれません。植物と人間の生長過程の類似性や生命を維持するために大地が重要であることは、心に最も深く問題を抱えていても、人々が直観的に理解し、そして把握するものなのです[16]」

患者は植物の世話を自らすすんで一貫してやっていくことと同じように、将来に対する計画が求められる長期プロジェクトでも責任を持っています。開花や果実の収穫を手に入れる前に、植物のゆっくりした生長サイクルの時間に添うことは、患者が衝動を抑え、目先の欲求を我慢することを学ぶことに役立っています。葉が広がり、蕾が膨らむような経過を観察することで、彼らの感情的な問題を克服し、強さと幸せを取り戻すために必要とされる「時間の感覚」を実感することです。また、成功（例えば、完全なバラ）や失敗（夜間にヨトウムシに首を切られた苗木）に対する患者の反応に注意することによって、療法士は彼らの性格と心情を読み取り、自尊心の程度を測ることができます。

庭仕事は身体的な活動を必要とします。そしてそれはしばしば、ストレスと悩みを減らします。このようにしてストレスを軽くできた患者は、彼ら自身に関して客観的に考えることにより、ものごとを受け入れやすくなります。互いに相手に対して恐怖心を抱いていた患者同士が、庭や温室で隣りあわせになって、それぞれの作業をすることができるようになります。園芸療法においては、多くのプロジェクトで「一対一の心理カウンセリングで起こるかもしれないような、相手と直接面接する恐怖にさらされることなく、言葉を介さずに他の人との関係にそっと入っていく機会」を提供します[17]。

中立の立場である植物は、患者と療法士が、その植物の世話について話し合えば、二人の仲をとりもつ役割を果たすことができます。バルティモアのシェパードプラット病院の園芸療法士であるマーサ・シュトラウスは、選ぶ植物の大きさによって、患者の自尊心がどういうものかを学ぶことができると言っています。小さな植物は自尊心が低いことを示しています。彼女は自死念慮の患者の話を語っています。「私は多肉植物のクラッスラ（jade plant、ベンケイソウ科）を手にとったとき、生きたいと実感しました。私はそれが育つのを見たいと望みました」。

彼女はまた、園芸療法以外にも精神科でありとあらゆる治療を受けている緊張型統合失調症にかかっている20代半ばの男性患者のことを次のように説明しています。患者は人々と接触しないで温室の中の塑像のように座っていました。療法士はじっとしているその男性の前に花が咲いているゼラニウムを置きました。そして彼にその植物のことを話しました。その患者ははっきりとした反応は示さなかったのですが、その温室と彼の前に置かれた植物のところに戻ってくることを繰り返しました。徐々に、彼は植物と交流し、それに触れ、最後にはそれについて話し始めました。最終的に彼は園芸を愛し、園芸職業訓練として園芸を勧められるまでになりました。(18)

精神疾患を持つ若者の治療施設として1923年に設立されたブラトルボロ療養所の療法士シッド・メイヤーズは、自分の間違いによって、若い患者たちと働くことが有益であることがわかりました。彼は、園芸作業に慣れていないころ、ニンジンのタネを狭いトレーに植えました。そしてすぐに彼の間違いに気がつきました。実際のニンジンは彼が用意した数インチ（約12～15㎝）の土の中では育たなかったのです。若者たちは彼の間違いを発見して大喜びでした。その間違いはそのグループとインストラクターとを結びつけるきっかけとなりました。この間違いはシッド・メイヤーズが、今では新しいグループと信頼関係をつくるために、わざと狭すぎるコンテナにニンジンのタネを蒔いているほどの成功でした。

園芸プロジェクトの精神医学上の恩恵は施設内に限定されてはいません。全米各地に精神的に問題のある人たちを受け入れる庭が用意されています。ウエスト・ロサンジェルスにある退役軍人管理局医療センターでは、15エーカー（約６万705㎡）の庭と農場――退役軍人の庭――で美食家のための野菜がロサンジェルスの最新流行のレストラン用に栽培されています。そこではもっと大切なものが生み出されています。それは多くの退役軍人が必要とする心の平和と癒しです。そのプログラムは名前をアイダ・クシーノという陽気な園芸療法士によって実施されています。彼女は1985年に荒れ果てたままになっていた庭を、園芸療法士のボブ・バッチャとともに引き継ぎました。そして忘れ去ることのできない思い出、特にベトナム戦争によって苦しめられている退役軍人のために、やすらぎの場を創りました。

1991年に私がそこを訪問した日が、ちょうどペルシャ湾岸戦争の投爆が始まった日でした。そのニュースの衝撃は、この庭中に感じられました。恐怖を抑えるのがやっとの多くの退役軍人に、その恐怖を思い出させる引き金となるほど関心が高かったのです。思いやりがあり、穏やかに話す退役軍人のウォーレン・マイヤーは、多くの同僚は生命を脅かす危機によって引き起こされるトラウマを抑えるのに苦しんでいると説明しました。彼は、湾岸戦争の始まりが再びそのような感情を呼び起こすだろうと心配していました。また、その病院を退院し、病院の外の世界で生活している退役軍人から何か言ってくるのではないかと思っていました。彼と有志の仲間は、何年もこの症状を精神障がいとして認定するよう働きかけてきました。1983年に、とうとう医学会はその現実を受け入れて、それを心的外傷後ストレス障がい（PTSD）と呼ぶようになりました。

マイヤーが説明するように、ベトナム退役軍人が現役で戦争の只中にいたときの平均年齢は19歳でした。本来なら一生の価値と友情を育みつつあった青春の日々、彼らは戦闘の中で言語に絶する恐怖に苦しんでいました。彼らは、頑張りぬけ、恐怖心を抑え、命がけで前に進めと命令されていました。それ以前の戦争では、戦った人たちの平均年齢は25歳でした。同じ町の出身者からなる部隊はしばしば、１つのグループとして一緒に戦闘へ送られ、一緒に参戦し、一緒に帰還し、そしてお互いに彼らに起こったことについて話すことができました。ベトナム戦争は違っていました。若い新兵は一人で彼らの任務に飛ばされ、そして、しばしば彼らが拒絶され中傷された国へ一人で船に乗って移送され、帰還しても歓迎パレードすらありませんでした。

ほとんどの人は恐怖を我慢することを学びました。しかし、ひとたび離婚や家族の死または子どもの誕生のような重大な出来事の精神的外傷が起こると、「そのとき、19歳のときから成熟することのなかった精神状態に引き戻されてしまうのです」とマイヤーは言いました。それらの精神的外傷に苦しんでいる人々に対して、退役軍人の庭は１つの安息の地です。そしてそこは、同じような経験を持った人たちが、共感できて友達となれる穏やかな場所です。その庭は慈悲に富んでいて、人が社会で再び働けるように学ぶことができる、ありのままに受け入れてくれる安全な場所です。

私が訪問しているときに何度も繰り返し、園芸家たちは愛することを、そして信頼することを再び学んだこの場所について語りました。ここは問題を分かちあうことができる安全な社会でした。「私たちは１つのチームのように働いて、お互いに助けあうのです」とある人は言いました。ここは２つの主要なハイウェーの近くに位置していますが、隔離された庭は静かな避難場所となっています。「ここで、一度あなたが仕事を始めたら、この場所と恋に落ちます。そしてここを決して離れたいとは思わないでしょう。ここは美しく穏やかな場所です」。一人の退役軍人が彼の植物に水をやるときに、ハチドリがホースから水を飲んだ驚くべき経験を詳しく話してくれました。「なんと安全な場所だろうか」

ベトナムでは誰でもが敵かもしれないし、そして誰も信じることができませんでした。小さな子どもが何食わぬ顔で爆弾かもしれないソーダの缶を差し出したかもしれません。兵士たちは子どもたちを恐れ、無慈悲でいることや、子どもたちから遠ざかることを学びました。それは多くの帰還した退役軍人が持ち続けた不安です。それを克服するために、米国貧困奉仕団（VISTA）では、障がいを持つ子どもたちが退役軍人と一緒に学び、そして作業するプログラムをを、その庭で定期的に開いています。子どもたちを指導することで、子どもたちと一緒にいて安心することや子どもたちに対する肯定的な感情をもう一度持てるようになります。また別のVISTAプログラムでは週に２回、発達障がいの大人のグループを退役軍人との１対１の仕事をするために連れてきます。彼らと接している６～14歳のレベルの発達障がいの大人と一緒にいることは、恐怖や他人への不信感のいくらかを克服しようとしている退役軍人たちを助けています。

クシーノにとっては、園芸は、好きでしている仕事となっていました。もちろん、その「産物」の１つは愛であり人々と植物を育てることです。患者について彼女は、「これらの人々は、いつも世話をやかれていて何をすべきかを告げられています。いつ薬を飲むか、いつ寝るか、どこに座って、いつ食べるかなど。庭は彼らに自分以外の他の何かを世話する機会や、そして達成感を持つ機会を与えています」と言っています。そのプログラムは、退役軍人たちに、将来、彼らが生活にうまく対処できるような職業的訓練や技術を与え、通常の生活に復帰できるように手助けしています。退役軍人の庭は、学校へ戻ったり、常勤の仕事を見つけた卒業生の輝かしい功績が自慢です。しかし、その基本的な役割は退役軍人が独り立ちしているのと同じように、病院の患者たちに対して、隠された心の傷を癒す助けとなる穏やかなコミュニティとして存在していることです。

更生施設

更生施設の園芸作業は受刑者の食料生産の１つの手段として始まりました。最初の連邦刑務所が、1821年にペンシルベニア州に建設されました。それは、初期の刑務所らしく、食料用の作物が育てられる広々とした農地のある地域に設けられました。当初、その地方の住人がその農場を運営するために雇われました。それから、1890年代に受刑者たちが量刑により階層化されたとき、農場労働は刑の程度が最小の受刑者たちの責任に委ねられ耕作されました。施設は、自らの運営コストを低減するように、作物を市場に販売する製品の生産システムも確立しました。

1960年代と1970年代の個人の権利に関する波が、農場と生産運営の崩壊をもたらしました。受刑者たちの労働に対しての支払い義務、彼らの製品または農生産物を刑務所外の市場での売買の禁止に関する法律が議会を通過したからです。一方で、リハビリテーションのためにと同様、その刑務所の中で使う食料を生産するために、植物を育てる受刑者の作業という新たな関心がありました。農場とガーデニングのプログラムは、しばしば、彼らが釈放され社会復帰するときの労働市場のニーズに応じた市場技術を身につけるための園芸職業訓練と結びついています。

低い自己評価は、ほとんどの受刑者の特徴的な性格の側面です。彼らは自分自身を人生に失敗した人と見なしています。そして自分自身を評価しない人たちは、他人の権利や物を尊重する気持ちを持ちません。研究者たちは、もし、悲観的な暗い人生を変えない限り、受刑者は社会で失敗した人として烙印を押されると言っています。自尊心を高める活動が、うちとけた雰囲気の中で、容易に身につく技術を提供することができれば、それは有効なものとなります。そこでうまくいけば、自分のことを前向きに考えられるようになります。園芸作業は、そのような1つの活動です(19)。

ミズーリ州カンサスシティーの更生課の拘置管理者であるレイ・コールマンは、園芸の明確な価値について次のようにコメントしていました。「植物が育つのを見ること、花が咲くのを見ること、トマトが熟すのを見ること以外何もありません。そこには達成感があります。私たちは、青々と生き生きと生長した植物が受刑者の達成感を生み出していると感じていることがよくあります。植物は判断をしない物体です。私たちが人々と一緒に働いているときはいつも判断が下されます。『彼はいい』、『彼は悪い』、『彼はそれほど良くない』、『彼はそれほど悪くない』、『彼はこんな弱点を持っていた』、『彼はこれに失敗した』。花は、植物は、あるいは木は、あなたが何をしたか、あなたが何者であるかについて気にしません。全ての植物が必要なことは、あなたが、ここで今、植物にしてくれる世話です。その世話のお返しに、植物はあなたに達成感を与えてくれます。価値のある何かをしているという感情です。それはまた、あなたに他人が見たり賞賛するようになるテーマを与えてくれます。『あのトマトを見てごらん』、『あの花を見て！』、『なんときれいな木なんだろう』。一方、人々は直接的にはあなたに言いません。しかし人々は、あなたが行ったことについて話すでしょう。だから、今、他の人々が賞賛するであろう、そして彼らのコメントであなたの苦労に報いられます[20]」

都心のスラム街での庭造りが力強い自尊心を向上させる効果は明白で、更生施設においても同じです。私は、1973年に９歳から15歳までの少年が収容されている更生施設であるイリノイ州ダページの学校の園芸を活用した更生プログラムを始める手伝いをしました。少年たちはロッジで共同生活をしています。グループ毎に互いに協力し合い、問題解決に臨むことを目標にして作業をしています。少年たちは一緒に食事をし、一緒になって学校に行き、１週間に５回夜のミーティングに一緒に参加します。強い結びつきが同じユニットの少年たちの間で育まれます。

私たちは各ロッジで園芸プロジェクトを始めて、彼らに小さな区画の庭の手入れを任せました。どの庭の植物も力強く生長し、少年たちは彼らの成果に誇りを持ちました。「僕たちの庭」という強い表示は、ユニットの１つが閉鎖されて数人の少年たちが他の建物に移されたときに明らかとなりました。移された少年たちは新しいロッジの庭を彼ら自身のものとして受け入れようとはしなかったのです。そして、建物の閉鎖にもかかわらず、元の庭を手入れすることを続けました。彼らは明らかに彼らが植えて、育てたものに深い愛着を持っていました。そして、その愛着を持てた素敵な気持ちを失うことは望まなかったのです。

連邦政府仮釈放委員会の元委員長であったモーリス・シガーは、ネブラスカ州刑務所で刑務所長として務めた経験を詳しく話しました。彼は、受刑者たちは建物に対しては暴力を振るうかもしれなかったのですが、彼らが育てた植物は決して壊さなかったことに気づきました。アイオア州刑務所で服役中のロバート・ニーズは、「植物は私たちを妙に落ち着かせる効果を持っていました。長い監禁によって緊張して戦闘員のように今にも暴れ出しそうだった受刑者が、２時間庭での仕事をすると平和主義者に変わっていました[21]」と書き記しています。

フロリダ州ライフォードのユニオン更生施設でマーク・B・ジョーダンはフロリダ園芸産業協賛の職業プログラムを開発しました。ジョーダンは園芸家であると同時に頑固な刑務所の職員でもあり、感激させる父親的存在として受刑者に関わっています。組合の受刑者は、3000以上のランの収集を含む種類豊かな植物が集められている４つの温室の管理をするだけでなく、ナーセリー（苗床）でも働いています。受刑者たちは毎年フロリダ州の全域から来る訪問者を魅了するフラワーショーを主催します。そのプログラムでの広範囲に及ぶ生産者とのふれあいを通して、ジョーダンの「生徒」は、彼らが釈放後に就職先に困ることはありません。彼のプログラムを履修した受刑者は、その刑務所の平均より、はるかに低い再犯率です。以前受刑者であったウォーレン・M・アダムズは、その有効性について次のように証言していました。

> ガーデンセラピーは、私が心を病んでいたので、すぐには私に影響しませんでした。しかし、６ヶ月も経たないうちに仕事に前向きな自分自身を発見しました。こんなことは今まで決して経験したことがなかったのです。それから、自分のしていることに立ち止まり、笑い、驚くようになりました。草の上を歩かないこと、仕事をしながら歌うこと、誠心誠意植物の世話をすること、私の周りの全ての生命の美しさに気づく、というようなことです。
>
> 温室で仕事をするころには、私の心は静寂に包まれ、憎しみや誤解は前に比べて少なくなっていました。私は実際、何かに怒りを爆発させることもなく、穏やかに日々を過ごすことができました。かつてなら冷静な気持ちを持つなど絶望的といっていいほどでした

が、私の刑期完了の最後のころには、穏やかな精神状態に入っていて、そして将来を見つめ始めました。

監獄は私を壊せなかったのです。守衛やフェンスは私を変えることができなかったのです。社会は私を更生することができなかったのです。しかし、園芸による治療に出会って私は変わることができました――植物、木々、灌木、土、鉢植え、草刈り、刈り込み、植えつけ、学習、そしていつも穏やかで物わかりのいい白髪の指導者マーク・B・ジョーダンがそこにいました。(22)

更生施設で行われる職業訓練として、出所後の就職に有利な技能習得のために、ますます園芸療法が取り入れられています。受刑者たちは講義や畑や机上の実習を通して訓練されます。結果として、施設の風景は植物によって彩られ、食料は施設の調理場に供給されます。もし、施設外での販売が許されれば、受刑者たちは商品価値のあるものを生産できたと誇りに思います。

ミドル・テネシー・レセプション・センターの職業指導者であるジェフリー・T・フィルポットは、園芸作業は受刑者にとって、規則どおりに人を管理する監獄の環境からの息抜きになっていると見ています。刑務所で弱い立場の受刑者は、自分の行為に好意的に応えてくれる植物を育てることで自立心を取り戻すことができます。「タネを植え、植物の生長の日々の変化を見るときに喜びが得られます。常に生長を見ることは、受刑者たちがしばしば懲戒問題につながる監獄ゲームに関わらなくなり、前向きに考えるようになります」と彼は見ています。(23)

サンブルノにあるサンフランシスコ地方刑務所でカウンセラーをしているキャシー・スニードは、園芸療法士のアーリーン・ハミルトンと協力して、クラフトガーデン・プロジェクトに彼女のカウンセリング活動を強化し、効果を高めるために参加しました。懲役１年以下の判決を言い渡された服役中の受刑者と作業をともにした結果、刑務所内の環境が受刑者の生活の改善には役立たない、という結論を出しました。けれども、そのカウンセリング・プロジェクトを戸外の庭のある場所で行うと、効果が出るようになりました。参加者はそのプログラムへの参加を認められるには、暴力や脱獄行為などの観点で選別されていましたが、スニードのカウンセリング指導のもとで、一生懸命作業に励み、彼女のさまざまな提案に耳を傾けるようになりました。「外の新鮮な空気の中で、彼らは一生懸命に生産的な仕事に従事し、私の言うことを聞き始めて、人生について考え始めています。日々、植物をケアするための作業が私のカウンセリングにまとめられます。私は、講義や議論を通しただけでは理解されなかったことを実証するために庭を使います。作業することで〔彼らは〕学びます。彼らがしていることと、彼らの人生をどのように変えることができるか、そして、他の人たちと彼らの関係について私が説明している間に、参加者は信頼を与えることと受けることを学びます。覚醒剤などの薬物で気分が高揚する代償と仕事の達成感から自尊心が高まるという褒賞についてを理解しはじめます」とスニードは言っています[(24)]。

受刑者の労働による産物は、塀の外の世界にも役に立っています。例えば受刑者らが育てた木々がサンフランシスコの通りを美しく飾っています。彼らの菜園からの食物は、オープンハンド組織（病弱で自分で料理できないエイズ患者など）や、刑務所の厨房に配られ、そしてホームレスに食事を提供するボランティアの炊き出しに配られます。受刑者は彼らの努力が壁の向こうで受け入れられていることがわかっています。

そして、彼らは自尊心を得て、出所後の生活との前向きなつながりを築いていることを感じています。園芸を通して受刑者たちは、出所後の職探しに役に立つと思われる技術や仕事をする習慣を身につけ、社会の中での彼らの居場所を持てるように心の準備と就職の準備をすることができます。

マンハッタン近くのライカーズ島の刑務所では、約100人の受刑者が、その施設の厨房に食料を供給しています。ニューヨーク園芸協会の協力によって刑務所の農場でその生産性を２倍にすることができたので、協会は特定の未成年の受刑者用に特別な園芸訓練計画を作成するよう求められました。ニューヨーク園芸協会のアーサー・シェパードは「グリーンワーク・プロジェクト」として、教室での授業と屋外や温室での実践練習を含む３ヶ月のカリキュラムを立ち上げました。グリーンワーク作戦によって出席が義務づけられていて、参加者はライカーズ島アカデミーで午後は毎日授業を受けて、プロジェクトを修了した人には資格が与えられます。仕事関連事項と生活技術の両方にまたがるカウンセリングが釈放に向かう未成年の受刑者に対して用意され、卒業生たちはその地域の園芸産業に就職して成功しています。ニューヨーク園芸協会はそのプログラムをもっと広めるように求められてきました。

連邦政府資金が助成しているマスターガーデナー育成プログラムの公開講座の受講科目上級コースでは、園芸技術を磨き、園芸知識を深めるための教育をしています。コース修了後には、受講生たちは、園芸に関するアドバイスを電話リクエストで答えるような自治体の地域連携事務所での40時間のボランティアをして報いるように期待されます。

テキサス農工大学で公開講座の園芸部門を担当しているリサ・ウイットレシーは６ヶ月のマスターガーデナー・プログラムをテキサス州のブライアンにある連邦女性刑務所キャンプに導入しました。そこは、受刑者が昼間だけしか外を歩けないほど、治安が最悪のところでした。受刑者の反応は熱狂的でした。受刑者たちは植物の繁殖と育成という身体的活動に加えて、花壇のデザインに挑戦することで、ますます気をそそられました。若い受刑者にはマスターガーデナーの修了証が、釈放後の仕事の機会への扉を開けるように期待して授与されます。

リサは､学習要求に遅れずについていくことに､いつまでも疑問を持っている一人の気乗りしない受刑者に､「すぐにあなたはそのプログラムが好きになるわ」と語っています。その受刑者は温室内の全ての植物にラベルをつける仕事を引き受けました。その仕事は、その植物の名前、寸法、光の要求度、花のタイプを標識に書くことでした。他の受刑者は、それぞれの植物とその繁殖に使った方法の詳細な記録をつけていて、それらを繁殖させることに興味を示すようになりました。いつものように、成功は自信を植えつけます。それぞれのプログラムで植物と一緒に働くことは受刑者の新しい可能性と将来を開きます。

テキサス農工大で行われている無料の受講に対する「お返し」は、コースを修了した受刑者が大学でボランティア活動を行うことです。さらにボランティア活動を通して、出所後の仕事を見つけるために役に立つ経験をしています。マスターガーデナー・コースを受講している受刑者は、大学の園芸温室で学生たちの実験材料をそろえ、研究データを集め、温室の維持管理をしながら働いています。彼女たちはまた、学科の建物の周りに色彩豊かな花壇を設計し、植物を植えています。刑務所で、彼女たちは温室管理技能者として役に立っています。

植物の性質

なぜ園芸療法は、それほどまでに有効なのでしょうか？　多くのクラフト活動は患者を忙しくして達成感を与えています。なぜ、アフガン編み（幾何学模様）を編みや瓶の中に船を組み立てるよりも、植物を育てるのでしょうか？

植物と人々は生命のリズムを分かち合っているのです。植物と人間は両者とも変化し、滋養物や気候に対し反応し、進化し、生きて死んでいきます。この生物学的な絆が患者に植物への愛情を注がせています。それは安全で、威嚇的ではありません。その想いは一方通行です。患者が撤退を選択すれば、逆襲はないでしょう。重症患者においては、そのような関係は、自分以外の生きている存在に手を伸ばす最初の意志を示すことができます。

園芸療法は広い範囲で人間の抱えている問題に適用でき、たくさんの治療方法で選択肢を用意しています。植物の世界はほとんど無限の物理的、生物学的、審美的、そして感覚的なものなど、多様な特質を提示しています。その絵の具のパレットには花が咲くもの、観葉植物、ハーブ、野菜、果物そしてタネや球根、根、茎から育つ芽もあります。植物は落葉か、あるいは常緑です。この多様な園芸療法の献立表は必ず何かをあらゆる人に提供し、必要とされる最良の治療法を満たす要素を組み合わせて、正確に選ぶ機会を提供しています。

患者に対して植物を選ぶときに考慮に入れるものは何でしょうか？植物の育成に成功するには、どのくらいの技量が必要なのでしょうか？

ランを育てるのに必要な知識とフィロデンドロン（philodendro、サトイモ科）を育てるのに必要な知識は大きく異なります。療法士は植物が育成に必要とするものと、患者の能力と状態にうまく釣り合うように考慮します。また植物は異なった速さで成熟します。マリーゴールドとラディッシュは速く、ランはタネを蒔かれてからその植物が花を咲かせるまでに７年かもしれません。短い入院期間の患者の園芸療法には、発芽から収穫までの全プロセスを体験できる速く育つ植物が適しています。一方、老人ホームでは、挿し木から花が咲くまでに２～３年かかるセントポーリアのほうが、より適切かもしれません。

植物は全て、どんな光の強さでも生長するように選ぶことができます、明るい光から薄暗い光まで。人工的な照明を使うことで、植物の生長に適した光の条件を、どこでも整えることができます。植物は鉢に植えて持ち運べますし、地植えにもできます。鉢植えの植物は、施設を離れる患者と一緒に自宅へ持ち帰ることができ、コンテナは必要であれば短いものから高いものまで、どのような極端なサイズにも適応できます。また植物によって育つ習性は違います。全ての植物が上に伸びるとは限りません。ツタのような植物は垂れ下がりますが、真っ直ぐ立つように支柱に絡まったり、寄りかかります。その様子は松葉杖や補強材あるいは他の支える道具に頼る人たちと明らかに似ている点があります。

植物の生長を左右する光、影、熱、水分、土壌、施肥、湿気などの複合的な条件を整えることを通して、人はより親密に植物と関係を持ち、それらの生長や実りを決めることができるようになるのです。これらの条件が整っても、近づいてよく植物の状態を観察し、世話しなければ植物を無事に育て上げることはできません。ささいなことも熱心に観察し、総合的に生育状態を把握することが必要です。例えば、いろいろな大きさの害虫がやってきます。小さな赤い蜘蛛は葉の裏を、望ましくは虫眼鏡で、注意深く観察してみると見つけることができます。トマトにつくスズメガの幼虫は大きいけれども、普通、昼間は隠れています。それが排出する緑の粒と、それらが噛む葉の中の穴は、人に虫がいることを警告しているのです。植物は「形」のような大きな特徴や、より細かい、葉毛の有無のような詳細によって品種に分類されています。

視覚による情報が非常に幅広いので、植物観賞は人の目を楽しませてくれます。植物は明確に普通の生き物として、定められた生長をたどっています。発芽、生長、成熟、老化、そして、死。これは人間の一生に似ているので、おそらく、人が自分自身の死への心の準備をするときに役立ちます。その栄養を大地に返すために枯れた植物が堆肥の山に置かれるとき、その教訓は意味を持ちます。死は、そのライフサイクルの一部分です。それなしには生命は存在しえません。

植物を育てる過程は人間の成長と発展に関する終わりのない隠喩です。繁殖は創造性の究めです。私たちは新しい命あるものを形作ることに参加できます。その発根器具は、挿し木が入れられた水の入ったコップ、あるいは、自動的に時間制御された散霧器やヒーター付きの繁殖ベッドのように複雑でもかまいません。どんな方法を用いようと、園芸にいそしむ人は、植物が自分のペースで根づくまで辛抱強く待つことを学ばなければなりません。

植物は永続的な時間の価値を語っています。植物は人々よりも地球に長く存在してきました。これからも、もちろん人類よりさらに長く存続するでしょう。ヒメシバは核攻撃下にも生き延び、そして生長し続けます。植物には生来の美しさがあります。植物は秩序をもって生きていくこと、つまり、穏やかであることの感性について語りかけます。植物は視覚的な美しさのみならず、大切な平和の意味を伝え、植物とともにいることが人々に争いやもめごとがなく周りが穏やかであるというメッセージを贈るのです。

地域によって文化と言葉は違いますが、植物は万国共通です。植物の繁殖は、全世界の園芸家たちがよく知っている過程をたどりながら生長していくからです。国によって名前は違うかもしれませんが、植物の生長に注目することで、人と人との間に意思の疎通が成り立つこともあります。

人から直接指示を受けることに抵抗する人も、自分に脅威を及ぼさない植物を介して与えられる指示には耳を貸そうとするものです。また植物の生長を共に見守ることで、私たちは人に心を開くようになります。大切に育てられた植物には、その植物を丹精込めて世話した人の真心が宿っています。これもまた、園芸療法です。そして園芸療法は身体的、精神的そして社会的な傷を癒す助けとなる植物のあらゆる側面を活用しているのです。

6 章

The Restorative Environment

人間を回復させる環境

被爆樹クスノキ（市営住宅南側駐車場。広島市中区）

　多くの負のストレス反応は技術的な作業や人工的な環境が増加していることが原因です。建物や施設、コミュニティの中で、植物を育てることはストレスを改善し、健康な社会を維持していくことになります[(1)]。

緑の環境と人間

人々は儀式や芸術、伝説を通して、自然界への畏敬の念を長いあいだ表してきました。ギリシャの神聖な森は、神々がその場所に住んでいるとして人間の冒瀆から守られています。アメリカの原住民は自然界をありのまま受け止め、その中での自分たちの居場所を認知していました。どのような木であっても倒す前にその木を使うことに感謝を捧げ、そして木に宿る魂に許しを乞うのです。

かすかで間接的な方法ですが、私たちは、現代生活のなかで、まだ自然に秘められたそのパワーの存在を認識しています。競争社会は最新の潮流に遅れずについていくことを要求します。ここでは全体を見渡すところに立ち返り、自分勝手な解釈でなく、ありのままの現実を見ることは必要とされていません。人々は都会から逃れる道を探し、自然が豊かな場所へ戻ります。田舎にいる一日は都会にいる一日より、はるかにのんびりしています。大都会で生活してセカンドハウスが買える余裕のある人たちは、街から離れたところに別荘を建て、毎週、セカンドハウスまで続く交通渋滞の苦痛をいといません。このような余裕のない人たちは、公園や海辺で時間を過ごそうと都会から避難します。自然は誰もが持つ社会的共通資本(都会生活のストレスに対する一般的な特効薬)です。

自然がどんな景観を創ろうとも、植物と人間の結びつきは有益だと思います。どんな特殊な場所でも見られるその場所を創っている要素つまり、土壌のタイプ、気候、そして水分の供給力などその生きる場所を決定する力に起因しています。それぞれの植物は、古代からの生態学的な記憶によって、そのふさわしい場所に生育するようにプログラミングされています。そして、私たちは知性ではなく、感情によってその存在に反応しているのです。その場所は、森林地帯、プレーリーあるいは砂漠などで、自然は直接私たちに話しかけています。私たちはそれを感じているのです。

野生の体験

森林地帯の環境は、日々の決まりきった仕事をするビルの人工環境とは違う自然界の本来の姿です。設備や快適さが不十分なキャンプでは、私たちが都会の生活で頼りにするもの以外の他の資源を利用する能力を身につけるために、自分自身を深く掘り下げる必要があります。

1961年にアメリカに持ち込まれたアウトウォード・バウンド（野外活動体験学習）は､野外活動を通じて青少年の育成を図ります。参加者に、新しい技術を習得して、グループ活動を通して他人を信頼することを学ぶように求め、一連の活動を課します。これらの個人的な挑戦をやり遂げることで、彼らは多くのことに気づき自分たちの能力を自覚します。

私は、アウトウォード・バウンドの旅から帰った姪と甥が別々に訪れてきたことを記憶しています。10代の子どもたちは、自然が彼らに意味したものや、自然と彼ら自身に関して学んだことなど、彼らの信じがたい経験を仲間と分かち合って興奮していました。二人とも「一人で」過ごしたことが最高の冒険だった考えました。３日間一人で森の中にいることは、全面的に自分自身の内部の可能性に頼ることであり、彼らは彼ら自身を深く見つめてみるように強いられました。そして、彼らは新しい自分の強さと自然との深い絆を発見し、気持ちが高揚しました。

野外生活体験は会社経営者、教育関係者、非行少年、精神病患者などの特定のグループを対象とした、基本的な多くの自己回復プログラムです。プログラムの目標は参加者同士の競争ではなく、各人の達成目標の向上であり、自然の中で自分に秘められた可能性を発見することです。

野外キャンプは当初、マイナスの自己像を持っていたり、診療室での伝統的な治療では彼らのニーズが満たされないメンタルヘルスケアを必要とする若者のために開発された特別のプログラムでした。屋外体験のプログラムは精神病患者特有の感情と行動に対処できるように支援する目的で構成されました。参加者は、グループの一員として役割が果たせるようになるうちに、個人の責任を果たすことを学びました。

アンドリュー・L・ターナーは、そのような2つのプログラムについて次のように報告しています。最初のプログラムは、5日間の野外生活を途中で脱落することなく無事終えた9人の少年たちは回復への糸口をつかむことができました[2]。その体験は、仲間や彼らとその冒険を分かち合った2人のカウンセラーとのよりよい関係が生まれ、さらにその関係は保たれるようになりました。2番目のプログラムは、メリーランド州立病院の患者たちがグループで参加していました。2年以上の入院生活を送っていましたが、彼らは症状を改善し、退院に向けて努力する意欲を失っていました。そのグループは、荒野の中に2週間置かれ、食事の用意や、服の洗濯、お金を使うこと、手紙を書くこと、その他の社会的な行動を学び直すことを指導されました。「当初90人だった患者のうち41人は、3ヶ月以内に退院が可能になり、1年後には、その41人のうち2人だけが再入院となりました[3]」

もちろん、人は自然の中にいることで恩恵に浴しますが、そのために情緒的に乱されることはありません。ほとんどの人にとって、休暇と言えば、生活の場や生活のペースを変え、休息する時間を意味しています。私たちは違う風景や、決まりきった日常から逃れることや、人間の力が支配していない世界を自由に歩き回ることを切望しています。自然のシステムは、私たちが作り上げた都会の空間や人に支配された環境から離れて自然に身を置くとき、この願望を実現してくれます。自然の中での休暇は、人々をより敏感に彼らの周囲について気づかせます。天候や水はより直接的に語りかけます。「とても深いところにいるので泣きたくなるような思い」はシンプルな自然の要素をじっと見つめることで引き起こされるでしょう。それらは、海辺の砂粒であり、水で磨かれた小石であり、タネであり、とても小さな苔であり、あるいは巨大なアメリカスギです。私たちは身体的に精神的に、気持ちが新たになって休日から戻って、日々の困難に立ち向かう準備ができます。

催眠療法では、療法士に誘導されて患者は眠ったような状態になります。患者は彼ら自身が静かで穏やかな光景の中にいるのを想像するように促されます。ほとんどの場合、彼らは、山々や、森、野原、湖の岸や大海原を心に呼び起こします。自然に囲まれた彼ら自身を心に描くことは、治療にとって最も受け入れやすい、リラックスして落ち着いた状態を創ります。

森林監督官や心理学者は、緑の自然の癒しの力の謎を解こうとしています。10年にわたる研究の間、環境心理学者であるレイチェル・カプランとスティーブン・カプランは 大学院生の研究アシスタントであるジャネット・フライ・タルボットの協力を得て、10年間研究に取り組み、ミシガン州で行われた野外体験が、参加した高校生と大人たちにどのように影響したか分析しました。それは、未踏の原野の環境の中で生き抜く自分なりのすべを身につけることや、方位測定、テント張り、炊事、そして木で物を作ることなどアウトウォード・バウンドの多くの内容を組み入れていました。それぞれの訓練生（透明なビニールの保護シート、狩猟用のナイフ、塩、炊事用のサバイバルカップを装備された）は、48時間の単独野外生活をするために送り込まれました。訓練生は実行した活動や彼らが経験した感動を詳細な日記につけるように指示されました。

それぞれの訓練生は帰宅後も彼らの日記を２週間続け、そしてアンケートを完成させました。その野外体験は文明から隔絶した生活を体験する間に生じる感情のようなものについて学ぶ絶好の機会を提供しました。10年以上にわたりカプラン夫妻とジャネット・タルボットは、人が森へ出かけるときに作用している人的素因を引き出してきました。[4]

日常の世界の注意散漫な状態から離れて、多くの訓練生は、自分自身の新しい面を発見することができました。車や食料雑貨店なしで生き残ることを学ぶことに加えて、彼らは「新しいものの考え方を学び、自分を取り巻く広い世界の中で生きていくことを学び、自分と世界との間に存在する絆に従わざるを得ないことを学びつつありました[5]」。カプラン夫妻が記録した日誌は、ほとんどの参加者が彼らの冒険中に経験する感情の発達を明らかにしています。

3日目　―　天候と次の活動に心配が出てきました。彼らの周りの匂いと光景と音に敏感になっています。彼らの置かれた環境に対して気持ちがいいと感じ始めています。

4日目　―　課題の達成度は、靴擦れ、打ち身、虫に刺されることから、強行ハイキングの「苦痛」への個人的な難題についての訴え（不満）とともに認識されています。しかし、楽しみもまたあります。「死んだように深い」眠りや、泳ぐこと、食事、爽快感と元気を取り戻す感覚、そして「至福の体験の時間」。

5日目　―　森の中での楽しい経験以上の感覚として、起こってくるどんな困難をも操る能力が身についてきたということが暗に示されています。彼らは「自由で幸福でリラックス」していて、平和な気持ちと落ち着いて安定していることを感じています。

7日目　―　参加者たちは彼らとその周囲の環境の不思議な新しい感覚を感じています。この体験は精神的な意味と自然の中での永遠のプロセスについて考えるようになります。彼らは「違い」をなんとなく感じています。心が落ち着いて、穏やかになっていって、「心が洗われたようで、解き放たれます」。私的な時間は他の人の活動に一緒に関わっているよりも、彼ら自身とじっくり向かい合う時間として大切にされます。

9日目～11日目　―　単独での野外生活は、グループでの野外生活が凝縮して繰り返されます。一人では､不安の感情が起きます。夜の闇が降りると、キャンプで耳慣れた音はより不吉に思える(「熊の鳴き声が聞こえましたが、しかしそれはハエの音でした」)。不安が楽しさの感覚に道を譲ります。ものごとの自然の摂理の中で、自分の周囲の環境や立ち位置をより深く理解することは、最終的に、爽快感と畏敬の念へと発展します。

これらの日誌の記録を通して、カプラン夫妻は自然環境が人を癒して回復させる特性を持っていると洞察することができました。１つの重要な発見は、自然界の変化に関する自己認識と自然とのつながりに対する認識が変化することでした。野外生活では以前は気がつかなかったり、あるいは評価しなかった景観の細部に対して注意を払うようになります。カプラン夫妻とタルボットは次のように報告しています。「参加者には自然と一体化すると不思議議な感覚が育っていき、精神的な意味合いの複雑な気づきがあります。永続的な自然のリズムを背景にしてみると個人的なことははかないことに気づき、……自分とは誰なのか、そして何をしたいかを一層しっかりと感じます[(6)]」

精神の高揚感覚は、野外体験の中にこそあると思われます。それはあたかも、より深い自己認識や宇宙のより大きな力と結びついているという感覚へつながる門を開きます。キャンパーたちによって、あるいはアウトウォード・バウンドの参加者たちによって、またはモートン樹木園への訪問者たちによって、このことは何度も繰り返し報告されています。明らかに自然の中での経験は、心の奥深く共鳴し、野外体験することで隠れた心の奥底へと探求し、自然は素晴らしいと思えるようになります。

では、森で幸せな時間を過ごしたキャンパーが普通の場所に戻ったとき、日常生活に何が起こるのでしょうか？　彼らはもはや荒野にいないけれども、精神の高揚した経験の記憶は彼らの心の中に新鮮なままで残るのでしょうか？　カプラン夫妻は、参加者が手に入れた見識は概して保持されていると報告しています[(7)]。森での野外体験は、彼らに「通常の」活動に対して異なった観点を与えています。キャンプ経験中に下された判断は、日常生活をつつがなく送り、実際生き延びていくうえで必要不可欠なものに見えました。家庭での日々の関心は、よりささいなものに見えます。自然と都会の環境とを比べると、彼らが普段生活している場所がいかに人工的であるか強く感じられます。一方、そのような景観は今や醜く、そして退屈に見えます。自分と自然との深いつながりを感じ、そこに彼らは新しい自分自身を見つけました。都会の生活でのプレッシャーと比較すると、森は平和でリラックスできると思い出されます。都会に縛りつけられたキャンパーは幾度となく、森へ戻ろうかと想いを巡らせます。

彼らの野外体験の中で育まれた感受性を身につけた結果として、キャンパーは都会においても自然の存在に、より敏感に気づくようになります——例えば、鳥の鳴き声、庭や公園あるいは木々——野外体験を思い起こさせるように、散歩したり、週末旅行に出かけたりします。彼らの新しい目標は、体を動かし活動的でいたい、元気でいたい、そして彼らが自信を持ち続けることも含まれています。キャンパーは森の旅の中で育まれた協力と相互の信頼関係を築いた感覚を懐かしそうに思い出します。彼らは普段の環境に戻っても、重要なことと重要でないことを区別する鋭い能力を持っているようです。

> 野生の中で彼らが過ごしたときの記憶は、感情的な指標として役に立つように思えます……彼らは、自分で自分の心を鎮めることができることを知っています。今この場でのことや差し迫ったこと、それ以上のことを考える心の余裕があることを。今や、彼らは社会が彼らを駆り立てているゴールを彼ら自身の目的に替えるために、そして、もっと普通に追い求めているよりむしろ自分自身の活動のために、毎日の生活環境で自分に課せられた責任をすべて全する必要はないという新しい可能性を理解しています。多くの点で、参加者自身のものの見方は、彼らの世界を見通すことと同じように、視野を広められてきました。[8]

野生に代わるもの

野外体験の報告では、１日24時間自然の緑豊かな環境で過ごした人々に肯定的な影響を与える可能性があることをはっきり示しています。しかし、彼らはその違いを感じるために自然に囲われていなければならないのでしょうか？　カプラン夫妻は「癒しをもたらす極小の環境」、つまり回復をもたらす野生の最少の大きさについて知りたいと思いました。自然の環境をただ、窓から捉えることができただけでも有効なのでしょうか？　人々が窓のない部屋で時間を費やさなければならないときに、何が起こるのでしょうか？　彼らはどのようにして足りない景色を補うのでしょうか？　これらの課題は、刑務所、病院、宇宙ステーションも含むさまざまな場所で研究・調査が行われました。研究で明らかになったことは、自然とのわずかな遭遇であっても人の心が癒されるということです。私の経験からも言えることです。私は事務所の外の木々を瞬間的にチラッと見ても、ストレスが減ることを発見しました。日中、幾度となく、私は、ほとんど反射的に木の幹や葉、枝をちらりと見ている私自身に気づいています。私は木々のことを考えていないのですが、ただ、それらを見ると私の心が元気づけられるのです。

テキサス農工大の建築カレッジのロジャー・ウルリヒは、病院の窓から見える木々の景色は外科患者の回復に有効であるということを明らかにしました(9)。彼は同じような年代の患者で同じ手術を受けた患者の記録を調べました。彼らの主な違いは、木々が見晴らせる窓がある部屋か、レンガの壁に面した窓がある部屋かでした。ウルリヒは回復までに必要な入院期間や、鎮痛薬の種類と量や、手術や彼らの面倒を見る看護師に対する患者の態度を比較しました。その違いは劇的でした。木々を見ることができて回復している患者はより少ない量の、しかも穏やかな鎮痛薬しか必要としませんでした。彼らの手術後の感情は前向きでした。彼らは、レンガの景色を見ている患者よりは、より楽しく看護師や世話をしてくれる人たちに接し、術後数日で退院しました。緑の自然を見るだけで患者たちには有益でしたし、彼らの入院期間を短くし、それは金銭的にも節約になりました。

窓からの眺めは、刑務所の受刑者の心身の健康にも影響しています。監禁と更生の２つを目的にしている施設では、必然的に多くの制限が課せられます。騒音や雑踏、個人的な批判や社会的な差別、そして暑さや寒さ、プライバシーの侵害は全て受刑者たちにはどうすることもできません。彼らは他の受刑者たちから危害を受ける恐怖、故郷や家族からの離別、長期間の監禁状態、日常の少ない活動と戦わなければなりませんでした。このような生活をうまくやっていくための彼らの選択は、刑務所生活へ適応するか、あるいは病気になるかのどちらかです。緊張が大きければ大きいほど、過呼吸、掻痒、頭痛、背中の痛み、過剰な筋肉の緊張、嘔吐、胸痛等を訴えます。受刑者を更生させるというその施設の目的には、監禁状態のストレスは逆効果です。

外側に面している独房は、建物の外壁に面している内側の独房よりは植物や景色が見える可能性が高いのです。高い階の独房は、しばしば、刑務所の塀の向こうにある景色を眺められるでしょう。主な２つの研究が刑務所の窓から見られる景色の種類を分析し、受刑者の往診回数と比較しました[(10)]。研究者たちは、植物（野原、農場、山脈)、建物、あるいは、その両方の組み合わせで、何を見ることができるのかを分類して評価しました。窓から刑務所の向こうを見ることができ、特に自然の要素がその眺めに含まれている場合は、その受刑者への往診回数が、他の建物に面している独房の受刑者より少ないことがわかりました。

刑務所の壁の向こうの自然を眺めるだけでも、ストレスを減らすことに役立っていることは明らかです。これは意外なことではありません。独房の監禁状態から逃れる簡単にできそうな方法は唯一、心を開放することです。受刑者の世界は窓の外に見えるものと一緒に広がっています。そして窓の外を見ることで、受刑者は差し迫った環境と監禁状態の現実から逃避できるのです。もし、その眺めがその刑務所だけなら、視野による現実逃避はできません。

刑務所の建物しか見えないことは、ただ単に、彼らの状況の恐ろしい真実を証明することになります。しかし、その視野が壁の向こうを映し出すときは、特に自然の光景は、私たちがその中で人間として生まれた自然の感覚による記憶を十分味わうことができます。マルシア・ウェストは言っています。「自然の風景は日々多くの制約を受けている人々にとって大切な命綱です。緑を見ると精神的なよりどころとなります――そこは隔離されていて、静かで、そして元気を取り戻すところです[(11)]」

緑の風景の回復させる特性は、病院、高齢者福祉施設、遠隔地の基地や宇宙船、そして宇宙ステーションのようなストレスの多い環境で理解されるようになってきています。研究のいくつかは、窓のない事務所で働く人々にとって自然を見ることは重要であるということを示しています。窓のない事務所では、窓のある事務所で働く人たちが飾っている約４倍の屋外の光景を写した写真またはポスターを選びます。窓のない事務所の視覚的な演出の75％以上には、建物や人が作った人工物が全く含まれていません[(12)]。

シカゴ郊外にあるエドワード・ハインズ・ジュニア退役軍人病院の衛生試験部は、窓付きの事務所と内部の研究所の両方を含む大きな面積を占めています。ここには病理学、化学、微生物学、そして血液バンクを含む病院の研究施設全てが集中しています。植物は、ありとあらゆるところにあります。それらは窓辺に置かれ、ファイルキャビネットを覆うように垂れ下がっています。科学研究所の、顕微鏡や分析機器、フードや置きっぱなしの薬品のビンなどの殺風景な冷たい雰囲気は、その中で育っている緑の枝葉によって和らげられています。

薬品を収納する高いキャビネットには２つのポトスのポットが置かれています。それはキャビネットの側面を優しく滝のようになって垂れています。ポインセチアがミクロトームと空間を共有したり、研究室の実験台の上の天井をアイビーが飾る光景を誰も予想しないでしょう。しかし、ここでは、科学の厳粛な世界が生長する植物の手に負えないまでの豊かさによって侵略されています。この科学技術の塊の空間で、自由気ままに伸びた植物を初めて見たとき、私は微笑まざるをえませんでした。

研究所は１日24時間動いています。その植物たちを健康に見せるに十分な人工的な照明とともに、他とは違う緑の異端者を養っています。大きな植物が窓のない会議室や待合室を明るくしています。気の向くままに観葉植物を研究室のあちこちに置くことで造られたこの室内庭園は医学博士で衛生研究所の所長であるグレゴリオ・チェフェックと、衛生研究所の管理者であるトム・ダナヒューとの共同プロジェクトによるものです。

彼らは、試験室から出るホルマリンによって室内が汚染されているかどうかを判定するために、「室内環境モニター」として植物を持ち込みました。何も見つかりませんでしたが、緑の草木は育ち、そして科学者と技術者はそれを見て楽しみました。植物は徐々に研究所や事務所の現在の位置に移動していきました。一人の時間記録係であり肩書だけの「植物病理学者」であるナンシー・バードは、この注目に値する庭を維持させるために愛情に満ちた世話をしています。

チェフェックは、植物はそれが置かれている環境で違いを生じたと言っています。その違いはそこで働く人々の態度に反映されました。彼らはその環境が改善されているので特別なものを感じています。窓のない会議室のような殺風景なところの植物は、そこで行われる人間関係の質を改善しました。

素人が作った室内の緑は、プロの内装会社が植物を維持・管理する事務所用ビルその他の環境で見られるものとは違っています。業者の管理のもとで植物は、普通よく刈り込まれ、ほとんど組織化され、そして絵に描いたように見事に形作られています。ここハインズ病院にはそれらはほとんど自然のままに、あるいは、好き勝手に生育しています。ここの植物の生長の何気なさは、その研究所に友情豊かで、ゆったりとした雰囲気を作りだしています。

他のハイテク・インテリアはミッションを背負って宇宙へ飛ぶ宇宙船の中に見られます。そこでは、有人宇宙ステーションとして何人かは残り、他の人たちは地球へ戻ってきます。アメリカ航空宇宙局(NASA)は、宇宙船のような閉ざされた環境がその中に住んでいる人たちにどのような影響があるかを調べるための研究に資金を提供しました。宇宙飛行の初期の段階では、草分け的なアメリカのスカイラブの宇宙飛行士と、ロシアのサリュートの宇宙飛行士からの情報がありました[(13)]。船内は大変窮屈で、極めて重要な科学技術装置で一杯でした。船内の音はほとんど機械音でした。ファン、モーター、ポンプ、コンピューターやスイッチが入ったり切れたりする通風管の通気孔、遠距離の人間の残響を感じさせる地上管制からの音声のやりとりなどでした。親しんできた全てのものから遮断された宇宙飛行士たちにとって、何かの感情的な絆や愛情を持つことを維持しようとすることは大切なことでした。

彼らは地球の自然の景色や山や雲の夢をよく見ました。自然音のカセット録音は、とりわけ重宝されました。宇宙旅行者は、その自然音に決して飽きることはありませんでした。屋外の風景を投影するスライドや、鳥の鳴き声、水の勢いよく流れる音は彼らと地球とのつながりを保つ助けとなりました。そのように視覚と聴覚を通して自然に触れることで、宇宙船のカプセル内の生活の疲れや、感情的なひずみを和らげることができました。人は本当の自然の経験をしなければならないようには思えません。テープやスライドは回復させる精神的なイメージと連想をうまく引き出すことができます。想像の世界で生み出された景色はストレスを解放する特効薬といえるのです。

緑の自然がもたらす人間の回復力の測定

窓の外をチラッと見ることと、全身を野生の中に浸すことを比較すると、あまり強烈な経験ではなくても、自然の回復力を発見できます。何年間も、ロジャー・ウルリヒは自然の風景が及ぼす短期間の効果に興味を持ち続けました。彼の興味は、人々が見たいものと、その景色が、どのように彼らに影響を及ぼすかにありました。彼は人々が１つの光景に対する好みの程度を確認して印をつけたり、あるいは、与えられた瞬間に彼らがどのように感じるかを示した心理学者のテストだけに頼ることに満足しませんでした。体は目が注視しているものに反応します。そしてウルリヒは変化が起こるときに、どのように体がストレスの多い状況へ反応するのか、あるいは正常な状態へどのように回復するのかを記録して、変化を測定したいと考えています。

血圧や筋肉の緊張、アドレナリンのようなストレスホルモンの分泌の程度は身体的な反応の指標です。私たちが興奮したり刺激されるとこうした値が上昇します。これらは進化の厳しい時間を経て私たちが生息していくために重要な役割を果たした古代の戦うか逃げるかの反応の名残です。危険と戦うためや急いで逃げるために原始人に用意された過剰なアドレナリンの分泌は、私たちが突然の音を聞いたり、恐怖の状況を見たりするときは、いつも現代人の内部のシステムを刺激しています。

ウルリヒは、私たちの複雑な肉体は１つ以上の神経系によって支配されていることを知っています。高血圧や脈拍は、交感神経系の興奮によって生じ、行動するための肉体を準備します。それはエネルギーを必要とするので、疲労をもたらします。人間はまた、副交感神経系という、もう１つの神経系を持っています。それは交感神経とは反対に脈拍数を落とし、血圧を下げ、消化管の活動を増やします。これによって身体のエネルギーの回復と維持がなされます。両方のシステムは自律神経系に属していて、それは、身体の内部環境を支配し、ストレスとその回復周期のバランスを保っています。交感神経系と副交感神経系は、無意識に身体の恒常性を維持する機能を果たす素晴らしい神経組織です。

自然の環境の中で進化する過程で、全ての人間的要素が調整されていったので、心と同様に身体も既知の環境には良好に反応するはずです。しかし都会の環境は比較的新しいのです。私たちの中にある古代から受け継いできた体内バランスは、まだ慣れていない新しい状況と取り組まされているので、身体はストレスを生じながら反応します。無意識的に機能するばかりではなく、しばしば感情や認知機能も反応します。「現代人は、脅威のない自然環境に対してはストレスから回復する反応が早く、簡単に受け入れられるように生物学的に反応します。しかし、多く都会での人工的な構造あるいは外観に対しては、そのような能力は生物学的に備わっていないのです[(14)]」

ウルリヒは、自然の風景は都会の風景よりもっと回復させる効用があるという仮説を証明したかったのです。彼は最初、全ての参加者に労働災害の恐怖を描いたビデオを見せて精神的なストレスを与えました。被験者は6つのグループに分けられ、それぞれのグループは、回復の効能を調べる10分の異なったビデオを見ました。全てのビデオは、日常の屋外の風景でした。そのうちの2つは自然の風景で、1つは木々や他の植物、もう1つは水や木々で特徴づけていました。そして他の4つは、2方向に行きかう交通量の多い風景、少ない交通量、歩道を通る人たちが多い屋外ショッピングモール、そして、都会の人通りの少ない歩道があるモールの風景でした。

テスト中に、生体反応を測るモニターで被験者の血圧、脈拍、汗腺の活動を測る皮膚抵抗、額の中の前頭筋の張力（中枢神経系によって活性化される）を連続的に記録しました。全てのケースで、生理的機能によって測定可能で有意な回復の結果が認められました。都会の風景よりも自然の風景を見た被験者にはより早く、そしてより完全に生じました。自然の風景は、副交感神経系を刺激し、早くストレスから回復させることが証明されました。このことは、都会の風景では生じませんでした。その活動の終わりに行われた心理学的なテストは、生理学的測定結果を裏づけました。自然の光景を見た被験者は、都会の光景を見た被験者より以上にリラックスしたのです。

回復の質

緑の自然の持つ人間性を回復させる特性を理解するためには、私たちは再び緑とのつながりに戻らなければなりません。緑の世界は、種の生き残りが戦いの連続であった時代には私たちのいわば教師でした。私たちは緑の環境とのつながりを感じるように生来、生物学的に準備されているので、植物のある風景を見ると神経経路が刺激されます。しかし、私たちの周りでは何が起こったのでしょうか？　人類の進化の過程では、原始人は自然の中で長らく見習い期間を過ごしました。それに比べ、人間が自然を支配し、思いのまま自然を変貌させていった時間は、はるかに短いのです。

私たちの生来の自然に対する反応は人間の歴史の幕開けにさかのぼるのに対して、最初の都市は高々数千年前にできたのにすぎないのです。

私たちは、本来の居住地選択に対する私たちの好みを置き換えたり、古代人から受け継ぐ神経系統をリセットできるようには、新しい環境の中で十分な時間を費やしていません。私たちは水と衛生的なシステムがついているビルで生活し、近所のスーパーマーケットには食料がそろえられていますが、このようなものは人類の誕生によって形成された生来のメカニズムに変化をもたらすのに十分長くは存在していません。私たちは、まだ今でも、その中でどのように生き残るかを学び、それらの環境を好むように生物学的に調整されている最中なのです。

人間が本能的に緑の環境から満足感を得ることは、地球上の多くの文化圏で証明されています。人々の背景がさまざまであっても、自然の風景と建物の風景のどちらを選ぶかと尋ねられれば、自然の風景のほうを選びます。また、植物のある場合とない場合のどちらかの都会の風景を選ぶかと尋ねられれば、植物のある環境が選ばれます。これは、進化的に最も慣れ親しんでいる景観を好むという感覚が、いまだに私たちの中に生きている、先祖から受け継いできた遺産だからです。精神科医のエドワード・ステインブルックは、現代人が比較的新しい生活様式に適応したので、生来の人間のシステムに多様な影響が及んでいると、次のように指摘しています。

> 自然との何十億年もの生活を通して進化してきた人間を含む生命体は太陽や月、そして季節のリズムに身体のリズムが合うように遺伝的にプログラムされています。したがって、私たちはしばしば、人工的な光、集中暖房、空調、24時間稼動の職場での仕事、公共施設を利用し昼夜のリズムを無視した結果の睡眠不足、さらには、タイムゾーン（緯度）を通過する速い旅行などの現代的な状況と位相

> が合わなくなります。疲労や非効率、もっと微妙な機能的な障害、生物学的な感応性は、肉体の生来のリズムと人工的な周囲や私たちを抑えつける要求との間の不調和に対して私たちが支払う対価となるでしょう[15]。

では、日常生活のどのようなストレスが、結果としての精神的な疲労感を引き起こすのでしょうか？　現代人は自由に空想し、気ままに時を過ごすことがなかなかできません。その代わり、しばしば、私たちは他人が設定した基準に合わせるように試みなければならない状況の中にいて、融通のきかない無理なスケジュールに合わせ、プロジェクトを完遂し、仕事を成し遂げなければなりません。一日中私たちは、私たちがしなければならないことに気持ちを集中させようとしています。もし、全てうまくやっていけるのなら、その日は非常によくいくに違いありません。しかしそうでない場合は、目の前の課題に注意を一層払って、気を散らすものを取り除こうとしなければなりません。私たちが詳細なレポートを作成している真っ最中にお喋りしたがる仕事仲間、注意を引こうとする子どもの大きな叫び、近くの通りの交通騒音、やかましすぎるラジオの音、退社後の夕刻からの活動への参加、それら全ては仕事の妨げとなります。気を散らす原因をその場で止めることができなければ、私たちはそれを防ごうと試みます。私たちは、全ての外部からの考えや騒音を排除することを試みて、私たちが何をすべきかに集中します。きつい仕事は、それが体力的でなく精神的なものであっても、疲労をもたらします。

同様に、もし、私たちが数学の方程式を解いたり、あるいは、教科書の難しい一節を理解しようとするならば、気を散らすものの存在は、私たちにそれらを排除するためにエネルギーを使うように強制します。数学の問題を解いたり、あるいは、教科書の一節の意味を明確に理解したりすることは――もし、私たちにそれができるならば爽快な気分を経験することになります。そうでない場合は、私たちはしようと意図するものに集中するために、いつも奮闘しなければなりません。やがて、楽しい課題は重荷になります。そして矛盾する刺激を排除するための精神力は疲れきってきます。気を散らすものを消すことができないと、能率が下がり、怒りっぽくなり、判断力を失い、反社会的行動につながります——環境がふさわしくないことを省みずに目標を達成しようとした結果、それは私たちが支払わなければならない代償です。

精神的な疲れは、わずかであっても、また日常を複雑にしています。1つの地点から他へ歩いていくという単純な行為ですら、都会環境が尽きない刺激を与えるので、精神的なストレスに満ちてきます。注意を引くためにデザインされた通りの標識、舗道沿いの屋台からの塩漬けキャベツの入ったホットドッグの匂い、信号の点滅、ウインドウディスプレイ、車の渦。もし、私たちが周囲に気を取られて都会の空気を味わおうとすれば、私たちは決して目的地にたどり着けないに違いありません。私たち自身が軌道から逸れないようにするためには、私たちの心は、目の前の課題を成し遂げるために重要な刺激だけに注意を向けるようにする力が必要です。もし、私たちが、感覚的な目隠しをうまく使えば、私たちが時間内に到着できるチャンスはあるのです。

私たちは、特別な行動に意識して集中する必要があることは、皆わかっています。しかしながら、私たちが生まれながら興味を抱いていた何かと深く触れるときに、いつもとは違う種類の集中が起こります。音楽を聴いたり、いい本を読んだり、テレビを見たり、あるいは、難しいクロスワードパズルを解いたりしている間は、「我を忘れて」います。活動そのものが、その中に吸いこまれるほどうっとりさせるので、意図的に集中する必要はありません。雑念が入り込む隙間もなく、時間は早く過ぎ去っていきます。驚くことに、あることに没頭した後は、私たちの心が日常に戻るとき、疲れ果ててはいません。逆に、この種の夢中は心身を爽快にします。おそらく、ゴルフがたくさんの人に受け入れられる理由の1つは、ショットごとに注意を集中させる必要があるからでしょう。他のことを考える暇はないのです。自分が想像する軌道を十分に実現するために、スタンスやスイング、ボールを打つことに集中します。その全てが屋外の新鮮な空気の緑の環境の中で行われるのです。

自然そのものは、知らない間に私たちを罠にかけることができます。私たちの心を夢中にさせて、私たちは日常の心配事を忘れ、気分転換を図ることができます。自然の世界には何か神秘的なものが宿っています。私たちはヒナギクの野原で手足を伸ばすことや、空の雲を眺めることや、あるいは草の中で一匹のアリが巣穴に這っていくのを見ることができます。私たちは、野原を抜け、森の小径を探策し、その周囲のものに魅了されています。こうしたことをするのに、全ての私たちの注意を必要とするほどではないでしょう。私たちは他のものにも心を開いておけます。徐々に、緑の自然の中に身を置くことで、日常の心配事を乗り越えています。こんなふうにリラックスしながら、私たちは、モートン樹木園へ来た訪問者が緑に覆われた森を何時間も歩いた後、最後に、愛する人の死を受け入れることができたように、私たちの心を自由に解き放ちます。

緑の自然は、私たちがその世界の一部であることを表しています。それは、あらゆるものが人間の管理下にある日常生活とは異なっています。緑の自然は二枚舌ではないのです。それは人間の悪徳を企てたり、誇示したりしません。緑の自然の世界は、生来の秩序や仕組みが豊かに感じとられます。私たちは、自然の中に身を置くと、さまざまな要素が滑らかにうまく収まるような、潜在的な仕組みを感じます。緑の世界が奥深いのは、身体と心で探検することができるからです。小さな花粉から、森の意味について考えることができます。自然界ではさまざまな生命体が階層を構成しています。頭上の樹冠、中ぐらいの高さの木、小さな木、幹によじ登るつる植物、灌木、そして、最後に、地表に近い一年性植物、多年性植物、春や秋にピークを迎える短命種などです。

緑の自然は、外からの力がその基礎をなしている自立する仕組みを完全に破壊しない限り、自ら調整し、自ら方向づけをします。倒木や火事などで自然の秩序が乱されたとき、自然界ではすぐさま修復作業が始まります。セントヘレンズ山の爆発は何マイルもの周囲一面を壊滅させました。にもかかわらず、今や新しい植物がどこにでもあって、破滅させられた土地を回復しつつあります。しかし、もし、熱帯雨林で大規模な伐採や焼失が起こり、壊滅的な打撃を受けた場合、何千年もかけて創られた生態系の遺伝的な能力は活動不能にさせられます。その結果、回復は長く困難で予想できない道のりとなるでしょう。

緑の自然の多様性は、何百万年も昔のその始まり以来発展してきた独自の生態系の証しです。どんぐりが樫の木へと生長を遂げる歴史は、人間が樫の木を伐採するようになった歴史よりも長いのです。自然のこのシステムの中で、私たちは、技術的に優れた能力や、人間が建設することが唯一の方法ではないという対極にあるものに気づくことができます。緑の自然は、自制心のように働き、私たちの文明は必ずしも生命の最高の業績ではないと実感しなければならないことを、そして葉緑素と太陽の光がなければ私たちが存在していけないことを告げています。ペルーのマチュピチュの廃墟を覆うつる植物や、ハイチのラミエールの丘の斜面の荒地は、人間と自然の力との長い闘いを雄弁に物語っています。

ウルリヒは、私たちの身体と心は、私たちの生理学的かつ心理学的なパターンの形成に貢献してきた景観に反応するために、「生物学的に整えられて」いると言っています。緑の自然を見ることやガーデニングのような活動に参加することは、明らかに、私たちの幸せを高めます。このことを知ると、ストレスの多い環境で小さな修復空間を創ろうとすることは、とても理にかなっていることといえるのではないでしょうか？

自然の風景が見えるように気を配った建物や、都会で木々を庭に植えること、事務所や病院や他の緊張が強いられる空間に植物を活かすことは、技術的な世界の中で安心やゆとりを私たちに感じさせるでしょう。これら生命の古代の起源を思い起こさせるものは、私たちを進化させ、私たちの身体が今もなお知っている世界とつながっています。

私たちが築き、しかし、主に私たちの一番奥の本質と相容れないままの文明の中で生活するストレスは、都会の緑によって緩和されているのです。

7 章

Toward Green Tomorrow

緑の未来に向かって

被爆樹クスノキ（三篠小学校校庭、広島市西区）

本書は、植物と私たちの関係について、植物によって人類の生存と繁栄のために必要な環境が形成された人類の黎明期から、人間社会における植物の位置づけがあいまいになってしまった現代に至る歴史をたどってきました。人間は植物を自然と社会の両方の管理下にいると考えるのを好みますが、それは、人間が自然を制圧することができる段階に来たという意味でもあります。私たちは緑の自然の世界を大切だと再び学ぶことができるのでしょうか？　未来は何を決めるのでしょうか？

医療の趨勢

緑の自然に対する科学的分析は、確実に将来にわたって重要な役目を演じ続けるでしょう。薬用成分が薬として経口摂取され、軟膏として塗布され、湿布で貼られ、あるいは、お茶や煎じ薬として飲まれたかどうかにかかわらず、最初から植物は、苦痛や病気を緩和する鎮静効果を持っていました。医学的な研究は、まだ知られていない治薬として植物個々の化学的成分の効能を証明するために続いていきます。

熱帯雨林を保全する理由の１つは、そのような良薬が地図に載っていないジャングルの中で近い将来発見されるのを待っていることがほぼわかっているからです。その一方、さして珍しくもないところに生育する植物の成分に薬用効果があることが発見されることもあります。タキソールは、アメリカ太平洋岸の北西部に特有なイチイ（taxus、イチイ科）の樹皮からとれた成分で、卵巣癌に効果があるものとして発見されました。この非常に喜ばしいニュースは、反面その地域に生えている全てのイチイが薬を手に入れるために犠牲になるという差し迫った危険となります。幸い、科学者たちはイチイを存亡の危機から救う合成物質を作ることができました。

ハリケーンのアンドリューが稀少価値のある魅惑的な熱帯植物を収集しているフロリダの有名なフェアチャイルド・トロピカルガーデンを襲来したとき、有効成分を分析するある研究所に、このハリケーンで倒された植物のサンプルを送るための緊急措置がとられました。おそらく、これらの植物から抽出される新薬の成分はこの災害を機に良い結果が生まれるでしょう。どのような事件があっても、植物は、医療に役立つための資源として研究され続けるでしょう。

以前は哺乳類の血清から取られていた抗体ですが、将来性のある研究分野として植物の遺伝子を組み替えることで抗体を精製する研究が行われています。癌とのつながりで悪名高く、社会的かつ医学的批判の多いタバコは、遺伝子工学の技術によって薬剤や他の化学物質となることが期待されています。タバコは大量の枝葉を伸ばしてよく生長する植物です。タバコはタバコモザイク病に非常に感染しやすく、そのウィルスは毒性が高いのですが、タバコの体外では生きられません。これらの特徴の有利な点をとって、進展めざましい遺伝子工学の技術がタバコを人類の役立つようにしつつあります。喫煙による癌と肺気腫が米国のタバコ消費量を減らし、そして、喫煙者が自分の肺と周囲の空気を平然として汚すことを間接喫煙として厳しく制限しているので、タバコの新たな活用法が研究されるようになったことは、タバコ農家に好機をもたらしています。

特殊な病気の原因に対して拮抗するタンパク質である抗体は、当初、馬、ウサギ、豚の血清で作られました。長い間、ジフテリアや破傷風は、これらの血清を注射することで予防効果を得てきました。しかし、動物性タンパク質に敏感な人に与えられると、重大なアレルギーを起こします。1975年に、遺伝子工学の研究者がモノクローナル抗体の開発に成功しました。この抗体は、病気細胞分子の特別な部位に結合することによって、その活動がより的確になりました。このことから、治療の新しい時代が始まりました。抗体それ自身が細胞の中の非常に特殊な部位と結合し、癌をやっつける医薬として最も強力な武器の１つになるでしょう。そして、その抗体は異常な細胞を特定して、おそらく癌細胞を破壊する放射性同位元素を運ぶことができるかもしれません。

これらの目的をもって、計画的に作られた抗体はバクテリア溶液のタンクの中で商業的に生産されています。一方、バクテリアのような増殖細胞に置き換わるタバコの能力を調べる技術が開発されつつあります。カリフォルニアのラホーヤにあるスクリップ・クリニック付属研究所のアンドリュー・C・ハイアットは、抗原の遺伝子をタバコの遺伝子に移し、この抗原の遺伝子の働きによってタバコから正確な構造のモノクローナル抗体を分離転写することに成功しました[(1)]。その結果、抗体をタバコから分離転写することができるようになりました。

最も重要なことは、植物は普通の種子生産を通してタバコの抗体製造能力が次の世代へ継承されることです。このようにモノクローナル抗体は以前のようにアレルギー反応のような悪影響を及ぼしていた哺乳類を用いた抗体より安心です。ハイアットは植物の中で抗体を作製するコストは、現在のバクテリア法より100分の１から1000分の１程度の安価になるだろうと推定しています。もう１つの利点は生産原料の保管の方法にあります。バクテリア細胞は液体窒素の低温で維持されなければなりませんが、タバコ由来は、ただ単にタネとして常温で保管できるのです。

このほかにも遺伝子操作の例として、カルフォルニア州ヴァカヴィルにあるバイオソース・ジェネティック株式会社が、遺伝子組み換えタンパク質をタバコモザイクウィルス病遺伝子に注入する技術を開発しています。まず、遺伝子組み換えタバコモザイク遺伝子を健康なタバコに接種します。そして、タバコを植えつけると急速にこの遺伝子が植物体内に広がります。一月以内にタバコを収穫でき、そして遺伝子組み換えタンパク質を抽出します。実験初期には、エイズ治療薬、人の血液の成分、食品加工に使われる酵素などの製造も試みられました。遺伝子組み換えタンパク質はタバコモザイクウィルスの中だけに留まるので、タバコが死ぬとウィルスが効力を失うため、遺伝子組み換えウィルスが不要に広がる心配はないといえます。バイオソース・ジェネティック社は、まもなく抽出工場の操業および遺伝子組み換えタンパク質の製造開始を予定しています。

スクリップ・クリニック付属研究所のミシガン・B・ハインはまた、注射によって免疫を与える通常の予防接種に代わるものを創りたいと願っています。彼のプロジェクトでは、抗体をアルファルファ（alfalfa、マメ科）に注入し、乾燥させ、そのアルファルファを摂取すると、想定どおりの免疫力が生みだされるかどうかを研究しています。乾燥アルファルファはアジアや南米諸国へ輸送できて、どんな遠方へも広範囲な配送ができるし、また、消毒した注射器や血清の冷凍が不要となります。[2]

動物や絶滅危惧の植物から抽出されるワクチンや、免疫グロブリンや、他の医療用としてのタンパク質や薬用成分を、工場のように植物を用いて創造することは、無限の可能性を秘めた明るい未来を開くことでしょう。

植物から伝統的な薬を供給することに加えて、植物は、本来の生物学的に作り出してきたものとは違う化学物質を生産するという新しい役割を担うことが期待されています。応用範囲は巨大です。ペストや除草剤抵抗性、獣医用や人間の医薬品、廃液処理や有毒廃棄物処理を含む新しい分離システム、抗体を用いた治療薬などが研究されています。これらのことは植物が普段は食料、繊維、構造材としての用途しか考えられていないことに対して新たな視点を提供し、人類存続のために役立つという興味深い例です。

政治の紆余曲折

いかにして植物生態系を良好な状態にするかについては重要な政治課題の１つです。米国や欧州の多くの緑化運動は、環境の劣化や全ての生命に与える影響に抗議して発展しました。しかし、この自然の、かつ固有の植物を保護する積極的な望みは、ドイツで証明されたように、予期しない不吉な色合いを持つ可能性があります。1900年代の初期に、ドイツ人の中で湧き起こった在来植物への関心は、庭園から外来植物を排除する運動に発展していきました。この20世紀の、土地と景観に関する人種差別主義者の態度に発展する在来植物への関心は、二人の造園技師、ゲルト・グローニングとヨアヒム・ウォルシュ・ブルマンによって記述されました(3)。例えば、シャクナゲ（rhododendron、ツツジ科）は外来種なので、全ての植栽から取り去るように宣告されました。同じ態度がレンギョウ（Chinese forsythia、モクセイ科）のような外来植物に対しても示されました。

1920年代に、この園芸分野における排他主義は、容易に非ユダヤ系白人主義の人種的道徳に組み入れられました。その発展の初期には、国家社会主義が、自生の植物を育てている大衆の興味を、「ドイツの庭にはドイツの植物が適している」という信条に捻じ曲げました。その後まもなく、この概念はさらに拡大され、ナチスは「景観は、そこで生活する住民の人種的純粋性を反映する」とまで公言するようになりました。ポーランド東側の占領後、ナチスはポーランドの風景写真を使って、ポーランドの国土が疲弊しているのはポーランド人の魂が穢(けが)れているためであるとしました。

「景観に関するドイツの人々の要求は高度に発展して、その要求は自然と緊密に結びついて呼応していました。また、それは結果的に劣っていると烙印を押された他の人々や人種差別によって代替的に表現された自然に対する感情の欠如と比較されねばなりませんでした。このことは、占領地そのものと同様に征服した地域の改革を正当化することに役立ちました。環境保護というマントの下で大虐殺に発展しました(4)」

彼らの人種的優秀性を反映する景観の中に居住するドイツ人が、人種的に優れていることを反映している環境で、ドイツ人入植者が生活できるようにするために、獲得した領地の「ドイツ化」が計画されました。グローニングとウォルシュ・ブルマンは、ハインリッヒ・ヒムラーのもとで計画スタッフが開発した「景観設計の規則」を次のように述べています。

「ドイツ民族にとって、自然を扱うのは人生における深い要求から世代を超えて国民の力と我々の生まれ故郷と我々が形作ってきた地域では、農場と庭の調和のとれた光景や、集落の景観は我々の存在そのものとなりました……もし、新しい生活空間が住まいにあれば、よく計画され野趣に富んだ自然に近い設計が前提条件です……国民をそれらの土地に定住させ、そして外国人を追い出すだけでは不十分です。その代わり、その地域は私たちの存在に呼応する景観が与えられなければなりません。ドイツ民族が自分の家にいると感じられるように、彼がそこに定住するように、そして彼の新しい家庭を愛しそこを守る準備ができるように(5)」

これらの住人の「精神」を反映している景観の表現は、国家社会主義者のプログラムを全ての表現に加えるために起こるプロパガンダのねじれた部分でした。グローニングとウォルシュ・ブルマンはナチス統治下にさまざまな事柄、つまり環境保護・保全、生態系保護、庭園仕事などが党によって曲解され政治目的に利用された史実を記録することで、一見なんでもないと思われる事柄が政治利用される危険性が常に内在することを人々に警告しています。

最近、世界の政治の中で強力なテーマである、環境保護と野生動植物の生息・生育環境の保全は、ある種の団体を仲間として受け入れがちです。それらの団体では、メンバーの大多数の善意ある関心を、意図して反映していないことがあります。同じ理由によって、環境保護が自分が得ようとするより大きな利益への支障となる人たちは、全ての生命が依存している生態系の連続的な劣化につながる支援政策へと大衆を混乱におとしいれるために、まるで、羊の皮を被った狼のように、自然保護というマントを装います。額面どおりに何もしないでいても、誰が話しているのか、彼らは何を手に入れる側なのか、または何を失う側なのか、彼らは本当に何を言おうとしているのかを学ぼうとすることは重要です。

植物と人間の関係：新たに起こる課題

植物と人々の関係を研究する園芸家として、私は、少数派の見地を代表してきました。一般的に、園芸家は、植物とその育成または経済的または美的な目的を達成するためにそれらを販売することのみに気遣うべきで、人間的な要素は他のプロの人たちに任せればいいと考えています。

私は園芸を違った方法で見ることを受け入れるのは学問的なプロたちにとってどれほど難しいかを予想していませんでした。研究者たちは、彼らとその他全ての園芸家や植物に関心のある人々の存在が、実は彼らの研究を支えていることに気づいていません。学問的な園芸研究者のほとんどは、科学的な研究領域を超えた植物と人間の間の相互作用を重視する園芸療法は、おもしろくない存在だと考えています。したがって、園芸における人間の側面に関する私の興味を追求するために、私は他の分野に目を向けなければならなかったのです。

心理学、社会学、地理学、そして、医学――それらは人間や人間の行動に焦点を合わせています。私の視点はいつも歓迎されましたが、国家の会議や会合のいくつかの機会では私はただの園芸家でした。そのような場の中で、人々が植物に励まされて植物に反応するという事実の重要性をなんら先入観なく受け入れている仲間を見つけました。そして私は、スラム街の庭の人間的な意味を探し求め続けることができました。

1960年代以降、私の研究は、花壇や窓辺のプランターを越えて、森林や牧草地や森のような、より大きな景観へと広がっていきました。同時に、フィールド園芸の少数の小グループのメンバーの間で植物と人間の関係についての意識が芽生えました。当初、園芸療法によって元気づけられ、数人の若い園芸家、特に、行政の施策によるガーデニングのプログラムで彼らが目の当たりにした植物がもたらす人間への恩恵によって動かされた人たちによって、私の大きくなっていく興味は拍車をかけられました。何年間も、私たちは植物と人間に関する視野に対して根拠を持たない園芸家でした。しかしながら、80年代の中ごろまでに、広く、多くの専門分野にわたる基礎研究が植物と人間の関係に関して出はじめました。いくつかの討論会のシリーズを通して新しい重要性に注目が呼び起こされました。「植物による都会生活の改善」は1985年にニューヨーク植物園で導入されました。そして、マーク・フランシスとランディ・ヘスターは1987年に「庭の意味」にまとめられた多様な視点をもたらしました。(6)

私たちが正式に、人々と植物の関係に興味のある心理学者やその他の専門家に会う必要があることは明らかになってきました。ダイアン・レルフは初めて多くの専門分野にわたる討論会を開催しました。「人間の幸福と社会の発展における園芸が果たす役割」、それは1990年バージニア州のアーリントンで開催されました。[7] そこでは、心理学、地理学、社会学、園芸、景観設計、建築の分野の専門知識と、人間文化、コミュニティ、心理学的研究および園芸療法における植物と人間の相互作用に関する専門知識とを交換しました。ついに園芸家は、そもそも興味が人々の環境への反応の仕方であった他の専門分野の人々と討論することができました。これらの広い視野の交じり合いが、大きな情熱を生み出す触媒のように作用しました。園芸家は、彼らの関心が人々のためであり、彼ら自身の技術には関心が少ないということが他分野の人たちに高く評価されていることに気がつきました。スケジュールに基づいた会議と非公式な会話を通して、絆が築かれ、活気のある新しい焦点を持った力強い支持基盤が創られつつありました。

シンポジウムの後、園芸の中に人間に関わる分野が新たに誕生しました。人々と植物協議会がダイアン・レルフを議長として、ブラックスバーグのバージニア工科大学407ソオーンダースホールに1990年に設立されました。この評議会は、継続的な情報と活動の方向づけをする場として役割を果たしています。第２回の討論会、「人々と植物の関係：研究の優先順位の設定」が、1992年に開催されました。そして、第３回は、「人々と植物の関係の癒しの効用」がテーマとして1994年にカリフォルニアのデイビスで開催されました。

学術的かつ専門的組織によって高まっている関心は、園芸における人間の課題に関する専門委員会が、全米園芸学会や、全米植物園・樹木園協会で創設されて明らかになっています。1994年には、日本の京都で国際園芸科学協会主催の会議が開催され、「生活、文化、環境における園芸」と題するシンポジウムが、米国、欧州、アジアからの発表者によって行われました。その会議において、国際園芸協会の後援で、園芸における人間の課題を研究する１つの国際委員会が発足しました。米国農務省の新しい園芸研究の検討課題でも、人々と植物の相互作用を研究対象としています。

ついに、園芸は、その人間的な側面の力を認められつつあります。それは、園芸の実務者にとっては長い間、知られた真実でした。そして、行政は不確かなものより確固たるデータ（科学的根拠）に納得するので、研究の継続的な広がりは、人々と植物の相互作用の有益な効果を定量化することが期待されています。

理想的には、植物はもっと文化の中に溶け込んでいくでしょう。環境心理学者のスティーブン・カプランは、「人々が、園芸を、たとえ平日の昼間であっても、モラルの低下や時間の無駄遣いの例として扱うよりも、能力や生産性を強化している活動として、自然の環境の中で時間を費やすことの社会の受け入れと正しい評価」の将来に目を向けています。[8] 植物中心の活動は、刑務所や薬物中毒更生センターでのリハビリ治療の当たり前の活動として受け入れられるようになるでしょう。そして、ギャングや暴力に向かう子どもたちに対する抑止力となるでしょう。人々と植物のつながりを再構築することは、健康な人間性に関する１つの優先事項として理解されるでしょう。

おわりに　Conclusion

持続可能な社会へのカギ

あらゆる植物と動物は違った生き方をはっきり示しています。しかしながら、私たちが彼らと共有しているものは、少なくとも私たちの差異と同じように意味深いのです。全ての生物は生きることに関してこの地球の実験の参加者です。私たちがその多様性の意味を理解できれば、自己の利益だけを考えるのではなく、他の生き物〔生命の形〕保護へも関心を向けるようになり、人間と他の生き物との間に絆が生まれることになるのです[(1)]。

人間の自然に対する感情はヴェールの下に隠されてきました。人間が次になすべきことは、そのヴェールを取り去ることです[(2)]。

私が本書で確かなものにしたかった要点は、人間と緑の自然の重要な関係です。人間は子どもが親に頼るように自然に依存してきましたが、より都会風に洗練された方向に大きく置き換えられた場所にたどり着きました。私たちは世界に責任があり、また、私たち自身の発展と幸せのために世界を自由に形づくることを託されています。私たちは、人間だけの世界の中で、私たちは特別の存在であると理解しています。緑の自然は、もはや教えを乞う伴侶ではなく、使用人、そして、しばしば対戦相手になっています。この視点では、生きているこの実験に参加している全ての人々は生物の住む惑星において、多種多様な生存形態中のほんの１つであるという現実をつかむことはできません。イアン・マクハーグは次のようにコメントしています。「人間以外の生物が織り成すプロセスが人間存続のカギを握っている。その歴史の現実を受け止め、人間以外の生物がたどった過去の歴史の中で自分たちを照らし合わせることによって、私たちは唯一大きくなっていくことができるのです[3]」

私たちは、人間以外の自然に対して自ら主張した優位性を拭い去ることができずにいます。西欧の人々は、自然は自分たちの利益のために使われる資源であるという信念に捕らわれているように見えます。結局、私たちは山の頂にはいないのでしょうか？　私たちが問われるべきことは、どんな山を築こうとしているのかということです。私たちが創った人類の科学技術は万能なものなのでしょうか？　私たちは、まさしく、住む場所を汚しながら、誕生から今日まで、この地球が少しずつ積み上げてきた資源を使い果たそうとしています。

私たちの素晴らしい都会は、少数の恵まれた人々にとってのみ、栄養満点です。残りの人々にとっては私たちの文化は永遠に増え続けるストレスの１つです。米国においては、例えば凶悪犯罪は1960年以降560％増えました。学校の教師が直面している規律上の問題は、1940年では、軽率な口をきくこと、ガムを嚙む、列に割り込む、服装規則に違反することなどでした。1990年には教師が直面している最大の問題は、麻薬とアルコールの乱用、強姦、強盗、暴行、そして妊娠です。10歳代の自殺は200％以上増加しました[4]。

私は、このように社会がうまく機能せず、ひずみが増加している理由の１つは、私たちが自ら進化の根源との結びつきを断ち切った事実によっていると信じています。それらは、生まれながらの生理的そして自律神経系のニーズと、科学技術の向上がもたらした結果との間にミスマッチが生じたことを示しています。人間はヒトという種として、長い歳月の歴史の中で、ほとんどの期間は自然に囲まれて生活してきました。最近の歴史の中では生活の場所を、密度の高いレンガ、石、ガラス、コンクリートそしてアスファルトの都会に変えてしまいました。私たちの中にある古代の私たち自身は、最近つくられたものとは調和していません。私たちの中でゆっくり進化してきたシステムの中で、ゆっくり吸収されるべき時間よりずっと急速に、私たちがどのように生きるかということに関して劇的な変化が起こりました。

エドワード・O・ウィルソンは、私たちを自然と結びつける力、自然への愛、自然が育む生命を定義するために生物自己保存能（人間に遺伝的に組み込まれている自然界に対する先天的な愛情）という言葉を使っています[(5)]。それにもかかわらず、多くの人たちは、今まで人間の存続に役立ってきた先人の知恵をないがしろにしています。デイビッド・オアは「人間の心は、ほとんど全てが消えてしまった自然の荒野によって形作られた更新世の時代の産物です。もし、私たちが自然を完全に破壊すれば、健全な精神の源泉である自然から自らを断ち切ってしまうことになります[(6)]」と意見を述べています。

自然に対する人間の態度は、時代とともに変わる文化や社会情勢によって新しく決められます。昔の概念では、人間は天国と地獄の神中心の光景の中で2つの世界を結ぶ細い道を歩いていると捉えられていました。地球上のあらゆるものは、これらの運命の1つにつながるチャンスか誘惑のどちらかでした。17世紀後半の間に、神中心の光景は、人間を自然の支配下に置く神人同形論（神が人間と同様に喜怒哀楽の感情を持つなど）に置き換わりました。地球は、「神によって彼自身のイメージどおりに作られた二足歩行する創造物である人間のすみかとして、神によって設計された完全で手入れのいらない機械として理解されていました。人類が、……自然の中のあらゆるものは人間が人間のために使い利用するために作られました……その新しい見解は地球を人間工学の乗り物として扱いました。私たちは、その人間工学の乗り物を宇宙船地球号と呼んでいます[(7)]」。

植物と人間の絆

私たちの文化は自然を資源として扱ってきました。土壌、水、空気、ミネラルそして植物は支配するものにとっては利用でき、そして、私たちは地球にそれらの全てを取り込む強欲な網を広げています。私たちはこの地球上の生命の全ての一部であるというバックグランドで自分自身を考えるためには、私たちの人類中心的な考え方から脱皮する必要があります。植物と人々は、ほどくことができないくらい固い絆で結ばれています。人間が生存するのに不可欠なエネルギーを捉え、そのエネルギーの響きが初期のころの人間を、私たちに思い出させる自然のシステムに依存していることを、私たちは知るときです。

私たちは自然の征服者ではなく、そこから私たちが生まれてきた自然への依存者として私たち自身の存在を理解しなければなりません。まさに、私たちを育んできたその生物多様性を今や破壊しつつあるのです。私たちは、目を開き、そして、人類の存続を可能にした風景が神経細胞に記憶されているということを、はっきりと自覚しなければなりません。

私たちは、人間による支配がもたらした結果に対して不満を抱き、自然の膨大な資源の入った倉庫や、私たちに当然与えられるべきはずの権利をすでに使い果たしていることに気づき始めています。将来の子どもたちは私たちが知っている打ち出の小槌を利用できないかもしれません。これらの関心は、命を尊ぶ、生命中心の視点で人間と自然の関係の新しい定義の先駆けとなるかもしれません。

「私たちは、人類はもはや、地球の目的の中心にはいないことに気づきはじめています。種としての人間は、自然界に存在する相互依存のネットワークの網目の１つです(8)」。

この生命中心のものの見方は、地球上で行われている「生きることの実験」への参加者としての私たちの役割を、より大きく評価することにつながります。そして、私たちが生命体の全ての表現の一部として私たち自身を理解し、受け入れることができるようになります。

私たちの原始時代に築きあげられた人間の植物に対する反応は、木々を見たり、タネが発芽するのを観察したり、緑の自然の中で私たちの心身が回復していくのがわかるときに証明されます。このような反応は、現在の人間と多種多様な生態系との間の密接な関係に理解を深め、また人類絶滅の危機を回避するには、生態系を尊重することが必要であるということを考えさせます。乱獲、汚染、生息環境の破壊によって、何百という動物や植物の種を絶滅させていることに対して私たちは責任があります。何エーカー（１エーカーは約4047㎡）もある熱帯雨林――地球の肺――は毎日伐採され、私たちがそこに生息、生育する動植物の存在を記録する前に、多くの種を絶滅させています。にもかかわらず、私たちは、これらの絶滅が続いたときの自分たち自身の運命がどうなっていくのか想像していないのです。

ホモサピエンスは自然に耳を傾け、自然から学ぶことによって生き延びることを学習しました。このような私たちの内なる警鐘を認識することが、私たちがいまだに地球に依存しているという基本的な真実に対して、21世紀の文明人として成功する象徴のかなたに私たちを導きます。私たちがこの地球に与える苦痛のどんなものでも、実は、私たちが自分自身にその苦痛を負わせているのです。もし、私たちが１つの種として生き残り続けるとすれば、この全ての生命とのつながりを認識しなければなりません。

この現実を認識することを拒絶すれば、むなしさを残すことになります。それは、切断して失った手足があるかのように感じる幻覚痛に似ています。体が失った部分を「記憶している」ように、人間も自然とのつながりを漠然とながらも覚えています。特定な栄養素の欠乏によって身体的な障がいが生じるように、古代に植物と人間の間に結ばれた絆がなくなることで現代人の精神的障がいが生じる可能性があります。

私たちには生来、植物を愛する気持ちが前提条件として整っているので、今までの歴史の中で私たちが植物を愛してきたことは驚きではありません。私たちは何百万年もかかって、その前提条件が人間の中で培われてきたということを思い出すべきです。この植物と人間の強い絆に目を向けて私たちが外へ踏み出すことができるようになったのは、ごく最近のことです。私は、このような認識に至る最も簡単な方法は、自然と私たちのつながりを認め、植物と人々の関係を探ることによってもたらされると信じています。緑の自然との人それぞれの経験は生活の中に隠された物理的ではない、別の次元であることを暗示しています。

この次元は、経験に基づいて、あるいは知的にではなく人間の本能に近いレベルで漠然と認識されるため、表現するのは困難です。安全な生息場所を選ぶのに役立った私たちの古代の脳は、いまだに機能しています。私たちの遺伝子に記憶されたものを覆い隠している知識の層を剝がさなければなりません。緑の自然と人間の特性は、両者ともこの惑星に満ちる生命なのです。

このことは、生命は基本的なエネルギーの多様な組織体で、神によって統合された創造物であると考えている、多くの先住民や東欧文化の視点です。中国人はそれを「気」と呼んでいます。先住アメリカ人にとって、それは「息」です。彼らは彼ら自身を存在するもの全ての大きな鎖の１つの輪として考えています。雲や木々、動物、土地や水の流れも、そして花も一族と考えているのです。人々と植物は、地球の生命力の異なった現れです。願わくは、西欧の社会もまた、自分たちも生きている緑の糸で織られたタペストリー全体の一部であることを理解するようになればと願っています。

いのちの織物の糸

私たちが庭を作り、植物を育て、あるいは公園か森で静寂を見出したとき、太古からの感覚が呼び覚まされ反応します。それらを認め、植物が私たちの存在のために重要であることを探求するときです。私たち自身が、世界中で織られた命の織物の糸であるという新しい認識へつながる道を示しています。

織物に欠陥があれば最終的にはそれが私たちを害するだろうという謙虚さが、私たちになければいけません。もし、私たちがこの理解に従って行動できれば、私たちのいる攻撃的で崩壊した社会の傷のいくつかを癒すことができるかもしれません。人類が住んでいたことの結果としてこの地球に起こってきたこと全ては、現実です。私たちは、私たちの自然に及ぼす影響が少なかった時代に時計を戻すことはできないし、また、自然の恵みなら何でも受け取る狩猟採種民になろうとは望まないでしょう。一度、自然本来の姿が傷つけられると、もとに戻すことは不可能です。私たちはここに今、この場所に、この時間に生きています。そして、私たちが将来に目を向けるとき、私たちは、今後の地球環境にさらに影響すると思われる決断を下していかなければなりません。

マイケル・ポランは、私たちの目的を成し遂げるために自然と一緒に働き、そして、土と水を尊ぶ必要があり、さもなければ大地の恵みを受け取れないことを知っている地球の園芸家になることを提案しています(9)。園芸は、まさしく1つのパートナーシップです。その中で、私たちは、植物が必要とするものを理解しようと試み、そして、それらが満足されていると確信し、私たちが自然に与える影響の全てに気づくのです。私たちはその比喩を地球規模に広げることができるのでしょうか？　今後も地球が私たちを育んでくれるように、地球を尊び、大切にすることができるのでしょうか？　私たちは地球に負担をかけないで生きていくことを学べるのでしょうか？

私たちは、完新世の時代（沖積世ともいう。最後の氷河期が終わった約1万1700年前から現在までの期間が人類を大発展させた）への道の分岐点に立っています、今は地球の歴史を記録している30分ドキュメントフィルムの最後の3.5秒です。私たちは、今後も鉱物資源を採取するために土地を強奪し、海洋を汚染し、食料生産のために森林を伐採し、そして、酸性雨や汚染物質で植生や淡水湖を破壊し続けることができます。あるいは、私たちの古代の密接な緑の自然との絆を思い起こして、生命のエネルギーの流れの中に私たちが参加していることに気づくこともできます。私たちは、人類文明の歴史の次の章を書いています。それは新しい始まりか、あるいは、終わりなのでしょうか？

ギリシャ神話に登場する巨神アンタイオスの最期には、人の心に強く訴えかけるものがあります。大地の女神テラの息子であるアンタイオスは、巨大な体格を誇る格闘家で、その強さは彼の母なる大地に身体が触れている限り無敵でした。ヘラクレスが彼と対決したとき、彼を投げることはできないことがわかりました——大地に倒れるたびに強さがいつもよみがえって立ち上がるために——大地から彼を持ち上げて空中で彼を押さえつけました。

私たちのそれぞれの心の奥底にアンタイオスが生きています。私たちは、何千年もの進化の間ずっと私たちを育み養ってくれた母なる大地と神秘的な絆で結ばれています。にもかかわらず、毎日、容赦なく、地球の緑の皮膚をコンクリートとアスファルトで覆う科学技術のヘラクレスが、私たちの生命の源である大地から私たちを引き離そうとしています。

私たちは忠告されているのです。太古に結ばれたこの絆を失ったときアンタイオスのように人間も滅びるだろうと。木々や土、水、空気のことを考えなさい、その中のかすかな湧き上がりに気をつけなさいと。それは、ホモサピエンスとしての自覚の中に長く忘れられた大昔の記憶を思い起こす緑の自然に対する反応です。初めて人間の生物時計や、この惑星の生命のリズムをセットしたと同じ力によって、自然に反応する私たちの遺伝子の中に封じ込められました。

先住アメリカ人は全ての生き物がその自分の物語を告げると信じています。私たちは、精神に野原、森、雑草、野生の花、庭や窓辺のプランターから緑が話しかける絶え間のないざわめきを聞くことができるのです。

葉緑素は、太陽から生まれる生命と私たちを絶えずつないでいる絆です。植物は私たちがその一部分である宇宙の物語を告げています。

しかし、この先、私たちはそれを聞こうとするのでしょうか？

〈注記〉

1章　緑の自然

注記（1）1770年英国生まれのロマン主義詩人
ウィリアム・ワーズワース、オックスフォード英語詩中の“虹”アーサー・クイラー・クーチ編（ニューヨーク、オックスフォード大学出版局、1940年）

（2）アメリカの造園家・都市計画家、「ランドスケープ・アーキテクト」を最初に公式に名乗った人物
フレデリック・ロー・オルムステッド、フランクリン・パークおよび関連事項の計画上の注意（ボストン、公園学科、1886年）、107, “フレデリック・ロー・オルムステッドのランドスケープデザイン理論,” 19世紀3（1977年夏号）の中でチャールズ・E・ベヴァリッジによって引用

（3）詩人の心で味わい、科学者の目で切りとった庭の一瞬
ダイアン・アッカーマン、感覚の博物誌（ニューヨーク、ランダムハウス、1990年）

（4）生息地の理論を提唱した英国の地理学者
ジェイ・アップルトン、ランドスケープの経験（ニューヨーク、ジョン・ワイリー、1986年）

（5）「かけがいのない地球―人類が生き残るための戦い」の著者
バーバラ・ウォードとレネ・デュボス、かけがえのない地球（ニューヨーク、W・W・ノートン、1972年）、12

（6）自然史を著作した7名の専門家とリューダースの対談、ロペスはその中の一人でネーチャーライター
バリー・ロペス、“エコロジーと人間の想像力”、ワード・リューダース編の自然史著作中の筆者らとの対談（ソルトレイクシティ、ユタ大学出版局、1989年）、22

（7）レオポルドはアメリカの作家・科学者・生態学者で森林および環境保護者、マクハーグはアメリカの造園学者、環境デザイン分野でエコロジカル・プランニングの方法論を確立
アルド・レオポルド、野生の歌が聞こえる（ニューヨーク、オックスフォード大学出版局、1949年）、イアン・マクハーグ、自然とデザイン（ガーデンシティ、ダブルデイ、1971年）、43

２章　緑の自然と人間の進化

注記（1）進化心理学と文化の生成
ゴードン・オリアンズとジュディス・ヒーエルウェージェン、景観に対する進化する反応　ジェローム・H・バーコウ、レダ・コスミデスとジョン・トゥービー編
適応する心：進化心理学と文化的世代
（ニューヨーク、オックスフォード大学出版局、1992年）、557

（2）リチャード・H・ワーグナー、"環境と人間"（ニューヨーク、W・W・ノートン、1971年）、5

（3）植物のある光景は都市の光景より効果的
ロジャー・ウルリヒ、"自然と都会の景色の精神生理学的効果" 環境と行動13（1981年９月）、523-66、スティーブン・カプラン、レイチェル・カプラン、ジョン・S・ウェント、"評価された嗜好および自然と都会の視覚的材料の複雑性"、知覚と心理物理学12、第14号（1972年）、354-56

（4）自然が私たちの生活の中で果たしている重要な心理的役割
レイチェル・カプランとスティーブン・カプラン、自然の経験：心理学的な視点（ニューヨーク、ケンブリッジ大学出版局）、1989年

（5）自然環境の視覚的印象によって生理学的ストレス反応を低減
ロジャー・ウルリヒら、"自然および都市環境におけるストレスの回復" 環境心理学ジャーナル11（1991年）、201-30

（6）感情と美的応答に関する研究は自然環境と人間の相互作用の理解を進めるうえで中心的な役割を持つ
ロジャー・ウルリヒ、"自然環境への美的および感覚的反応"、自然環境と行動誌　アーウィン・アルトマンおよびヨアヒム・E・ウォールウィル編（ニューヨーク、プレナム、1983年）、86-125

（7）人間の環境選好に関する研究と初期人類の重要な活動として導入される情報
スティーブン・カプラン、"知識を探し、そして使う生き物の環境選好" 適応する心：進化心理学と文化的世代　ジェローム・H・バーコウ、レダ・コスミデス、ジョン・トゥービー編（ニューヨーク、オックスフォード大学出版局、1992年）、590

（8）景観に感謝する我々の生物学的・本能的な理由があることを示唆
ジェイ・アップルトン、景観の経験

（9）芸術における景観の解釈
ジェイ・アップルトン、生息地の象徴的意味（シアトル、ワシントン大

学出版局、1990年)

(10) <u>不確かな世界で機能</u>
スティーブン・カプランとレイチェル・カプラン、認知と環境(ニューヨーク、プレイガー、1982年)、75

(11) <u>進化心理学と文化の生成</u>
オリアンズとヒーエルウェージェン、"景観に対する進化反応"

(12) 同上

(13) 同上 559

(14) <u>植物環境と人間の好み</u>
ハーバート・W・シュローダーとトーマス・L・グリーン、"都市公園での木の密度に対する人々の好み"、樹木栽培ジャーナル11(1985年9月):272-77、レイチェル・カプラン、"環境選好における優位かつ変動的要素"好まれる環境と好まれる景観 アン・S・デブリンとサリー・L・テイラー編(ニューロンドン、コネチカット大学、1984年)

(15) <u>人間はサバンナのような景観に親しみを持っている</u>
ジョン・D・バリングとジョン・H・フォーク、"視覚選好の発達と自然環境"環境と行動14(1982年)、5-28

(16) <u>自然環境をスライドで見せて各種年齢層の反応を調査</u>
バリングとフォーク、"視覚選好の発達" 5

(17) <u>1991年11月の雑誌の記事</u>
アーロン・レイサム、"見知らぬ人にとって、アフリカは故郷のように思える"、ニューヨークタイムズ誌、(1991年11月10日) 33

(18) <u>各国の人々の景観選好</u>
ゴードン・オリアンズ、"生息地の選択:一般理論と人間の社会的行動への応用" 人間の社会的行動の進化 J・S・ロッカード編(シカゴ、エルゼビア、1980年). ゴードン・オリアンズ、"風景の意味と価値" 風景美学への生態学的および進化的アプローチ、"風景の意味と価値" ペニング・ロズウェルとデイビット・ローウェンタール編(ロンドン、アレンとアンウィン、1986年)

(19) <u>1974年のアメリカのノンフィクション作家の作品</u>
アニー・ディラード、ティンカー・クリークの巡礼者、(ニューヨーク、ハーパー、1974年)

(20) <u>イラク北部の考古学の発掘現場</u>
ローズ・S・ソレッキ、"シャナダル IV:イラク北部のネアンデルタール埋葬地" サイエンス28(1975年)、880-81

(21) ウイリアム・ワーズワース、"虹"、平井正穂編『イギリス名詩選』(岩波文庫、

2011年）

３章　目に映る緑の自然

注記（1）ディズニー・ワールド・リゾートの写真ツアーのペーパーバック
D・ハンスフォード、ウォルト・ディズニー・ワールド・リゾートの庭園（オーランド、ウォルト・ディズニー・ワールド社、1988年）、8

（2）モートン樹木園の季刊誌
チャールズ・ルイス、"自然都市"、モートン樹木園季刊11（1975年）、11、17-22

（3）チャールズ・ベヴァリッジ博士によるオルムステッド理論の紹介
ベヴァリッジ、"ランドスケープデザインのフレデリック・ロー・オルムステッド理論"、40

（4）ビクトリア・ラニー編のオルムステッドの論文集
ビクトリア・ラニー、フレデリック・ロー・オルムステッドの論文、vol. 5: カリフォルニア・フロンティア（ボルティモア、ジョンズ・ホプキンス大学出版局、1990年）、428

（5）オルムステッドはシカゴ万博やリバーサイド公園等も手がけている
ビクトリア・ラニー、シカゴでのオルムステッド（シカゴ、R・R・ドネリー、1972年）、7

（6）1922年12月14日にジョイ・モートンによる樹木園が設立
"1922年12月14日作成証書、モートン樹木園として知られるように財団を設立"、タイプ原稿、モートン樹木園　保管庫　イリノイ、リール

（7）"都市の記憶　「場所」の体験による景観デザインの手法"
トニー・ヒス、場所の経験（ニューヨーク、クノッフ、1990年）、1

（8）モートン樹木園での風景の心理面への影響を調査した論文
ハーバート・W・シュローダー、"樹木園の風景の好みと意味：定量的および定性的なデータを組み合わせて"環境心理学ジャーナル11（1991年）、231-48

（9）自然の美しさのもとで、リフレッシュと静けさを提供する保護地
"ブローデル・リザーブの概要、1990年6月29-30日、哲学と目的"未発表パンフレット、ブローデル・リザーブ　1990年

（10）ブローデル・リザーブ：その目的と未来
プレンティス・ブローデル、"ブローデル・リザーブ：その目的と将来"ワシントン大学樹木園会報43（1980年春号）：4

（11）ブローデル・リザーブの公式サイト
ブローデル、"ブローデル・リザーブ"2

（12）人間の手になるものと、ありのままの自然が織り成すリズムとハーモニーが感じられる本
ローレンス・クライスマン、ブローデル・リザーブ：森の庭園（1988年）、45. ワシントン州、ベインブリッジ島、ブローデル・リザーブ（1998年）、45

（13）ブローデル・リザーブの目的
プレンティス・ブローデル、“マスタープラン施行へのブローデル・リザーブ準備の目標説明”、未発表のノート、（1983年6月14日）1

（14）フェルトセンスとは言葉にならないような感情をとりまいて薄々と感じられる感覚
ハーバート・W・シュローダー、“自然環境のフェルトセンス”第21回環境デザイン研究会 年次総会論文集、イリノイ、シャンペーン、アーバナ、イリノイ州、1990年

（15）フォーカシングとは感情のモヤモヤから本当の気持ちに気づくこと
ユージン・T・ジェドリン、フォーカシング　第2版（ニューヨーク、バンタム書籍、1981年）、32

（16）シュローダー、“自然環境のフェルトセンス”192

（17）都市の森の体験的利点
ハーバート・W・シュローダー、“都市の森の体験的利点”森のための我々の都市の安全づくり、38：第4回都市林業会議（アメリカの森林組合、1990年、ワシントンD.C.）の議事録38

（18）自然と人間的価値との差異について
ニール・エバーンデン、“あいまいな風景”ジオグラフィック・レビュー71（1981年4月）、155

（19）人間の信念や現代の破壊や自然界保全の背後にあるイメージ
ポール・シェパード、景観の中の人（ニューヨーク、アルフレッド・A・クノッフ、1967年）、236

４章　緑の自然と庭仕事

注記（１）自然環境と人間の関係についてこの本で、自然が私たちの生活の中で果たしている重要な心理的役割の分析を提供
カプランとカプラン、自然の経験、167-71

（２）同上　168

（３）同上

（４）ボストンの緑化とアメリカの美について
ロバート・M・ホリスターとクリスティン・コシニュー、ボストンの緑化：

行動指針、マーク・プリマク編　キャロル・R・ゴールドバーグ　セミナー（ボストン財団、1987年、ボストン）64：リンドン・B・ジョンソン、アメリカのための美：自然の美に関するホワイトハウス議会の論文集（ワシントンD.C.、政府印刷局、1965年）、2

（5）フィラデルフィア地区園芸協会の物語他
ルイーズ・ブッシュ・ブラウン、アメリカ市街地のためのガーデン区画（ニューヨーク：チャールズ・スクリブナーの息子たち、1969年）、11

（6）同上
ブッシュ・ブラウン、アメリカ市街地のためのガーデン区画、28、32

（7）ミネソタ州セントポールでの園芸活動
ロビン・ドクターマン、"コロンブスの庭" ミネソタの園芸家119（1991年1月）、31-33

（8）同上
ドクターマン、"コロンバス庭園" 32,33

（9）ガーデン・デザイン・マガジンの副編集長
キャスリーン・マコーミック、"感覚の世界" ランドスケープ・アーキテクチャー85（1995年1月）、61-65

（10）自然に対する人間の精神的なニーズ
エドワード・ステインブルック、"自然に対する人間の精神的ニーズ" 国立公園保全マガジン（1973年9月）、23

（11）密接に自然環境に関わるレジャー活動（園芸）の心理的利点の調査
レイチェル・カプラン、"ガーデニングの精神的な恩恵" 環境と行動5（1973年）、145-52

（12）心の健康に関するコミュニティ精神科医の視点
マシュー・デュモン、非常識な治療者（ニューヨーク、バイキングプレス、1986年）

（13）木を植えるための最良のときは20年前だった、次善のときは今
アンディ・リプキスとケイティ・リプキス、木を植える単純な行為（ロサンゼルス、ジェレミー・P・ターチャー、1990年）

（14）都市と地域林業の基本
ロバート・グトスキー、"都市と地域林業の基本" パブリックガーデン9（1994年1月）、10

（15）園芸に興味を持つ学者他の幅広い関心を集める月刊誌の記事
リチャード・G・エイムズ、"都市の緑化計画：社会学的視点" ホルトサイエンス15、No. 2（1980年）、135-37

（16）行政が行う植樹より住人自らが行う植樹のほうが社会的メリット大

ロバート・ソマーら、“緑化に関与する住人の社会的な恩恵”樹木栽培ジャーナル18（1994年5月）、98-101

(17) 住民参加の都市の緑化

フレッド・リアリー、“植樹における住民参加のテーマ”人間・植物関係研究シンポジウムの癒しの側面論文集、カリフォルニア大学デイビス校デザイン学科、1994年、383、388

(18) 都市の緑化と社会福祉とのつながり

リチャード・エイムズとA・W・マギル、“都市の樹木：社会福祉へのつながり”アメリカ森林組合年次総会論文集、ボストン、1980年

(19) 樹木栽培家の活動

ローレン・ランフィア、ピーター・ゲルステンベルガー、“全国樹木栽培家の日”樹木保護産業4、第11号（1993年）、40

(20) 都市のガーデニング

ブッシュ・ブラウン、アメリカ市街地のガーデン区画、11

5章　療法としての園芸

注記（1）退役軍人の雑誌に掲載された花療法

ポール・ミルズ、“退役軍人病院での花療法”V・F・W・マガジン63（1975年11月）、36-37

（2）可能性を広げる庭（園芸療法ガーデン）

ジーン・ロサート、可能性を産む庭（ダラス、テイラー出版、1994年）

（3）１年間の園芸プログラムを計画する際のガイダンスを提供

ビビー・ムーア、ガーデニングとともに成長：療法とレクリエーションと教育のための12ヶ月ガイド、（チャペルヒル、ノースカロライナ大学出版局、1989年）

（4）「心の病の問診の観察」を主題とする最初の教科書

ベンジャミン・ラッシュ、心の病気に関する問診と観察（フィラデルフィア、キンバーとリチャードソン、1812年）、226

（5）1929年ペンシルベニア大学で医学物理学研究のために財団を設立

E・R・ジョンソン、“自然教育における感覚訓練の価値”心理美学誌4、第1号（1899年）、213-17

（6）精神薄弱者の教育

G・M・ローレンス、心理美学誌4、第3号、“精神薄弱者のための教育原理”（1900年）、100-108

（7）植物の子どもに及ぼす影響

ヘレン・キャンベル、T・W・ノックス、T・バーンズ、闇と光：または、ニュー

ヨーク生活の光と影、（ハートフォード、ハートフォード出版、1896年）307309. 園芸の講義と出版　シリーズ1（1975年4月）を介して、治療とリハビリのための全国協議会での抜粋

（8）園芸療法の初めてのプログラム
ドナルド・P・ワトソンとアリス・W・バーリンゲーム、園芸を通しての療法（ニューヨーク、マクミラン、1960年）

（9）フィジカルリハビリテーション施設での園芸療法
ユージン・A・ロザートとジェームズ・R・ダウバート、物理的リハビリ施設での園芸療法（グレンコー、シカゴ園芸協会、1981年）、7

（10）植物の障がい者への寄与
ジョアン・バーダック、"園芸を通しての療法とリハビリテーションのための国家評議会で発表"、ミシガン州立大学、イーストランシング、1975年9月

（11）コラー・ゴールドウォーター病院の園芸療法士
スウィー・ライアン・イ、"生き方のリニューアル"ナショナル・ガーデニング8（1985年9月）

（12）特殊児童のためのギルドでのガーデニング
スウィー・ライアン・イ、"特殊児童のためのギルドでのガーデニング"NCTRHニュースレター13（1986年3月）、3

（13）治療の補助としての園芸
ハワード・ブルックスとC・D・オッペンハイム、治療補助としての園芸、小論文　No.49（ニューヨーク、ラスク・リハビリテーション医学研究所、1973年）、30

（14）園芸療法
アンドリュー・L・バーバー、"園芸療法"未発表論文、メニンガー・クリニック、カンザス、トピーカ、3

（15）園芸療法における変化の特性
アイラ・スタムとアンドリュー・バーバー、"園芸療法における変化の特性"園芸を通しての療法とリハビリテーションのための国家評議会、カンザス、トピーカ、（1978年9月）、で発表

（16）園芸療法における変化の特性
スタムとバーバー、"変化の特性"13

（17）同上 15

（18）マーサ・シュトラウスへのインタビュー
マーサ・シュトラウス、著者とのインタビュー、（1991年7月28日）

（19）受刑者は園芸療法の恩恵を受けた

ジェイ・ストーン・ライス、“刑務所での自己啓発と園芸療法”薬学博士学位論文　心理学の専門スクール、サンフランシスコ（1993年）

(20)　<u>園芸を通した受刑者の更生</u>
レイ・コールマン、“受刑者の定義：誰が収監されていますか？”、更生会議での園芸療法論文集、グレートプレーンズ章、園芸を通してのリハビリテーションのための国家評議会　ミズーリ、カンザスシティ（1982年5月）

(21)　<u>囚人の脱出</u>
ロバート・ニーズ、“囚人の脱出”花の栽培家46、第8号（1959年）、40

(22)　<u>園芸療法に関する個人的な思い</u>
ウォーレン・M・アダムス・ジュニア、“園芸療法に関する個人声明”園芸ニュースレター～6　療法とリハビリテーションのための国家評議会、ニュースレター（1979年7月）、3

(23)　<u>ジェフリー・T・フィルポットの思い</u>
ジェフリー・T・フィルポットから筆者に（1991年9月13日）

(24)　<u>ガーデニング教室</u>
“ガーデニングのレッスン”サンフランシスコ都市ガーデナー　7（1989年　夏号）、9,12,14

6章　人間を回復させる環境

注記（1）　<u>植物の環境に与える効果</u>
マーシャ・ジュン・ウエスト、“刑務所環境の光景の見える場所とストレス反応”修士論文、ワシントン大学（1988年5月）

（2）　<u>自然の治療的価値</u>
アンドリュー・L・ターナー、“自然の治療的価値”実用精神医学ジャーナル6. 第1号（1976年）、64-74

（3）　<u>自然の治療的価値</u>
ターナー、“自然の治療的価値”65

（4）　<u>バッグ一つで自然界の探検に自分の時間を捧げ、荒野へ向かう</u>
スティーブン・カプランとジャネット・フライ・タルボット、自然環境と行動誌、人間の行動と環境の第6巻　アーウィン・アルトマンとヨアヒム・E・ウォールウィル編（ニューヨーク：プレナム、1983年）、163-203

（5）　<u>自然から学ぶ</u>
カプランとタルボット、“精神的な恩恵”12

（6）同上　179, 181

（7）自然が私たちの生活の中で果たしている重要な心理的役割
カプランとカプラン、自然の経験

（8）同上　185

（9）窓からの眺めと手術後の回復具合の関係を調査
ロジャー・S・ウルリヒ、“窓からの眺めは手術からの回復に影響を与える可能性がある”サイエンス224（1984年）420-21

（10）刑務所内での眺めと健康維持の要求との関係を調査
アーネスト・O・ムーア、“ヘルスケアサービスへの要求と刑務所環境の影響”環境システムジャーナル11、第1号（1981-1982年）
ウェスト、“光景とストレス”17-33

（11）光景とストレス
ウェスト、“光景とストレス”94

（12）室内で大半を過ごす人々に自然との接触を提供する環境デザインの調査
ジュディス・H・ヒーエルワージェンとゴードン・H・オリアンズ、“窓のないオフィスへの適応：オフィスにおける窓の有無による視覚的な装飾の使い方の研究”環境と行動18（1986年9月）、623-39

（13）室内環境とストレス
ジェームス・A・ワイズとエリカ・ローゼンバーグ、3種類の心理的課題における作業ストレスに及ぼすインテリアの効果、テクニカルレポート002-02-1988（アレンデール、ミシガン：統合施設研究センター、ビジネスのF・E・サイドマン・スクール、1988年）

（14）人間は生物学的に自然環境には対応しやすく準備されている
ウルリヒら、“自然および都市環境へさらされる間のストレスの回復”208

（15）自然は人間の精神に必要なもの
ステインブルック、“自然に対する人間の精神的な要求”22

7章　緑の未来に向かって

注記（1）植物による抗原遺伝子の生産
アンドリュー・C・ハイアット、植物によるモノクローナル抗体の生産（ラホーヤ：リサーチ・インスティチュート・スクリップ・クリニック、1989年）

（2）庭師は何百万もの命を救う作物を栽培
ロバート・リー・ホルツ、“あなたの野菜でワクチン”ロサンゼルス・タイムズ、（1993年11月23日）、A1、A3

（3）理想的なドイツの風景を作成するためにデザインのアイデアだけでなく、国家社会主義を反映した“景観ルール”を策定
ゲルト・グローニング、ヨアヒム・ウォルシュ・ブルマン、“ドイツの在来植物のための注意事項”ランドスケープ・ジャーナル11（1992年秋号）、116-26;
ゲルト・グローニング、ヨアヒムウォルシュ・ブルマン、“政治、計画と自然の保護：ドイツにおける初期の環境保護発想の政治的乱用、1933-1945年”計画の展望2（1987年）、127-48
（4）環境保護の名の下の政治的乱用
グローニングとウォルシュ・ブルマン、“政治、計画”138
（5）ドイツ人の占領した土地での注意事項
グローニング、ウォルシュ・ブルマン、“いくつかの注意事項”122
（6）植物の大切さの新たな視点
D・E・カルノスキーとS・L・カルノスキー編、植物のある都市生活の質の向上、出版　第2号（ニューヨーク、ニューヨーク植物園、1985年）;マーク・フランシスとランディ・ヘスター編、論文集：庭の意味、（デイビス：デザイン研究センター、カリフォルニア大学デイビス校、1987年）
（7）植物のさまざまな役割を理解するための基礎研究の増加と同時に人間の努力で園芸の応用研究が増加
ダイアン・レルフ編、人間の幸福と社会的発展における園芸の役割（ポートランド、木材プレス、1992年）
（8）スティーブン・カプランから著者に、（1994年2月12日）

おわりに

注記（1）地球を大切に思う気持ちが大切
ジョセフ・W・ミーカー、地球を思う（アラメダ、カリフォルニア州、レイサム財団、1988年）、31
（2）聖地の持つ人間性を向上させる力
ジェームス・スワン、聖なる場所（サンタフェ、ベア、1990年）、137
（3）我々を取り巻く環境を自然と社会の総和として捉え、わかりやすく提示
マクハーグ，自然とデザイン28
（4）文化の衰退に関する記事
スザンヌ・フィールド、“ベネットブックが文化の衰退を定量化”アルバカーキ・ジャーナル、1994年、A14
（5）バイオフィリアとは生物、あるいは生命システムに対する愛情

エドワード・O・ウィルソン、“バイオフィリア”（ケンブリッジ、ハーバード大学出版局、1984年）

（6）進化によって組み込まれた人間の自然に対する反応の中で、好ましい自然に対する反応を「バイオフィリア」と名づけて、バイオフィリアとは生物への愛を意味する。こうしたバイオフィリアを感じる環境に置かれると、人は安静な状態になり、ストレスの軽減化がなされるというのが進化心理学的な回復環境理論

デイビッド・W・オア、“それを愛するか、それを失うか：来るべきバイオフィリア革命”バイオフィフィリア仮説、S・R・ケラートとE・O・ウィルソン編（ワシントン：アイランドプレス、1993年）、437

（7）庭師たちに意味する場所や目的意識の禅を紹介

ジム・ロルマン、“私たちはなぜ庭を造るのか”（ニューヨーク、ヘンリーホルト、1994年）、102

（8）同上　103

（9）“第二の自然”としてアメリカの園芸協会によって選ばれた自然との関係を再考するためのマニフェスト

マイケル・ポラン、第二の自然（ニューヨーク、アトランティック・マンスリープレス、1991年）、190-96

謝　辞

本書は、私が30年間、植物と人間の関係を研究している間に学んだことを著しています。植物の人間との関係について探求する一人の園芸家として、私の歩みを導き、励まし、私を支えてくれた友人、そして研究の概念、理論、解釈について議論することができた多くの友がいて、私は幸せでした。

マリオン・T・ホールはモートン樹木園の前園長で、樹木園で働いていた20年間、私が自然に対する人間の反応に興味を持つことを許してくれ、そして励ましてくれました。彼は主な業務に直接関係しない分野を探求し発展させている人たちを受け入れて、樹木園の中に幅広い考え方を育みました。彼はまた、植物の人間との関わりについて、しっかりした視点を持ってアプローチするように私に求めました。マリオン・T・ホールは、モートン樹木園で特別研究員として私が３年間働いて、収集プログラムの管理者としての責務を手放して本書を執筆することを仕事として認めてくれました。1990年に園長になったジェラード・T・ダネリィは、私に、結果としてこのように大きなボリュームの内容の本となった研究と執筆を許してくれました。

ノートルダム大学の建築の教授であったパトリック・ホースブルクは、初めて私に園芸を超えたところへ目を向けることの必要性を指摘し、人間の環境に対する反応を探求する学問分野へと導いてくれました。

ミシガン大学の環境心理学者の草分けであるレイチェル・カプランとスティーブン・カプランは1977年以来、私の研究に対して助言をしてくれています。彼らは、私に、この新しい分野について批評的に考えるように励まし、関連する文献に触れさせてくれました。そして、彼らの熱意や友情を分かち合うことができました。彼らの関心は極めて重要だったので、私はそのことを永遠に感謝しています。

ワシントン州ベインブリッジ島のプレンティスとバージニア・ブロー

デルは緑の自然と人の本質との関係について直観的に理解し、私を励まし、この仕事に関する財政的支援をしてくれました。私は「緑の自然」という言葉を、土から育つ緑色の生き物を定義するだけでなく、植物系の特性を成り立たせている、草木、土、空気の——生物学的、心理学的、化学的な——全てに関連した作用に対しても使っています。

テキサス農工大学のロジャー・ウルリヒは、特に心理生理学的な反応について造詣が深い環境心理学の専門家でした。彼は多くの示唆や多数の論文の紹介をしてくれて感謝しています。

人々と植物協議会の議長でありバージニア工科大学のダイアン・レルフは、人々と植物という視点を早くから理解していた園芸家です。彼女の現場でのリーダーシップは、研究の継続性、ネットワークづくり、園芸における人間に関わる事柄についての情報発信をゆるぎないものにしました。彼女はまた、本書の準備に際して価値あるコメントや提案をしてくれました。

同様にイリノイ大学アーバナシャンパーニュ校景観学部のブライアン・オーランド、ワシントン大学シアトル校の動物学教授のゴードン・オリアンズやカンサス州立大学園芸療法教授のリチャード・マッソンも、有意義なコメントや提案をしてくれました。

カリフォルニア大学デイビス校のデザイン部門長であるマーク・フランシスは、この本の原稿を書き始めたころから手助けしてくれて、その後ずっと私を励ましてくれました。

米国森林局北中部林業試験場長であるジョン・ダウヤーは研究を支援し、会議を招集してくれたこの分野での後継者で、個人的にも私を励ましてくれました。モートン樹木園で私はジョン・ダウヤーのスタッフであるハーバート・シュローダーと一緒に研究にたずさわりました。

ニューヨークタイムズの園芸関連の元編集者であったジョーン・リー・ファウストは、1971年の私の最初の記事“アベニューDであなたは花を育てることができますか？”の出版に当たって励ましてくれて、それ以来私の仕事を支えてくれました。私は、1972年にはガーデニングにおける人間的な価値に関する実証的研究に対してアメリカ園芸協会が資金を提供しているイーニッド・ハウプ賞を受賞することができました。

私はウォルト・ディズニー・ワールドの公園園芸長であるケーティ・モス・ワーナーとのインタビューを引用する許可を与えてくれたウォルト・ディズニー社と、ウォルト・ディズニー・ワールドを含めたいろいろな経験を惜しげもなく教えてくれました。そして植物と人間について考えている仲間全員に感謝しています。

そして、最後に、アーティストにしてたぐいまれな編集者である私の妻のシェリー・ラビノは、この原稿を通して５年間私と苦労を共にしてきました。彼女は、ぎこちない私の文章を整えて散在していた考えをまとめてくれました。彼女はまた、私の考えを読者に読みやすくするためにコンピューターの前で際限のない時間を費やしました。彼女の支えと専門知識がなければ、私はこの本ができたかどうか疑わしいと思っています。

チャールズ・A・ルイス

モートン樹木園(The Morton Arboretum)より

モートン樹木園は、イリノイ州、シカゴ近郊に位置する樹木園です。一般市民や専門家のための研究や教育プログラムを通して、木本植物や環境の理解と認識を高めるように努めています。樹木園の植物収集や庭園、景観は一般的な博物館の学術的な目的を達成していて、本書が称賛している人々と植物の関係価値を提供しています。

チャールズ・A・ルイス (Charles A. Lewis) の考え方と本書は、彼のモートン樹木園での20年間の在職期間中に生み出されました。その間、彼は植物収集部門の管理者などとして、後には、本書の執筆に捧げる特別研究員として働きました。モートン樹木園は、彼の考えを発展させ、それらをこの本に表現すること、そしてチャールズ・A・ルイス自身を支援してきたことをうれしく思っています。

〈編纂協力〉

特定非営利活動法人　日本園芸福祉普及協会
(JHWA=Japan Horticultural Well-being Association)
〈連絡先〉特定非営利活動法人　日本園芸福祉普及協会事務局
〒162-0063　東京都新宿区市谷薬王寺町58-204
TEL　03-3266-0666　FAX　03-3266-0667
〈URL〉 http://www.engeifukusi.com　e-mail：kyoukai@engeifukusi.com

●

デザイン———塩原陽子
ビレッジ・ハウス
写真———東京ディズニーランド
陸前高田市企画部　加藤一孝
緑の伝言プロジェクト
吉長成恭　ほか
組版———天龍社
校正———吉田 仁

著者――――**チャールズ・A・ルイス**（Charles A. Lewis）
1924年、米国ペンシルベニア州生まれ。1942年までメリーランド州で育つ。メリーランド大学で園芸学士、コーネル大学で修士を取得。1960年代にはニューヨーク市の緑化部門の管理者を務め、各地でコミュニティガーデンなどの園芸活動を促進。1972年からイリノイ州のモートン樹木園で20年間、造園課研究員、植物収集部門の管理者、および特別研究員として勤務し、植物と人間の関係性を追究。2003年、没。
著書に本書（原題）Green Nature ／ Human Nature

監訳者――**吉長成恭**（よしなが　はるゆき）
1952年、広島市生まれ。広島大学大学院社会科学研究科博士課程、広島修道大学大学院商学研究科博士課程修了。広島国際大学教授。脳神経内科医、漢方専門医、医学博士。日本園芸福祉普及協会理事長、日本焚火学会代表世話人。著書に『園芸福祉入門』（共同監修・分担執筆）、『焚き火大全』（共編・分担執筆）など

訳者――――**進藤文典**（しんどう　たけのり）
1946年、香川県生まれ。ひろしまね園芸福祉協会理事・事務局長。園芸福祉士、園芸療法士

篠崎容子（しのざき　ようこ）
1956年、東京都生まれ。フラワーアレンジメント教室ル・フルーロン主宰。マナコフラワーアカデミー一級教授、初級園芸福祉士

植物（しょくぶつ）と人間（にんげん）の絆（きずな）

2014年6月23日　第1刷発行

著　　者――チャールズ・A・ルイス
監 訳 者――吉長成恭（よしながはるゆき）
訳　　者――進藤文典（しんどうたけのり）　篠崎容子（しのざきようこ）
発 行 者――相場博也
発 行 所――株式会社 創森社
〒162-0805 東京都新宿区矢来町96-4
TEL 03-5228-2270　FAX 03-5228-2410
http://www.soshinsha-pub.com　振替00160-7-770406
印刷製本――精文堂印刷株式会社

2014 Printed in Japan ISBN978-4-88340-289-2 C0061

〝食・農・環境・社会一般〟の本

創森社 〒162-0805 東京都新宿区矢来町96-4
TEL 03-5228-2270 FAX 03-5228-2410
http://www.soshinsha-pub.com
＊表示の本体価格に消費税が加わります

農的小日本主義の勧め
篠原 孝 著 四六判288頁1748円

ミミズと土と有機農業
中村好男 著 A5判128頁1600円

炭やき教本～簡単窯から本格窯まで～
恩方一村逸品研究所 編 A5判176頁2000円

ブルーベリークッキング
日本ブルーベリー協会 編 A5判164頁1524円

家庭果樹ブルーベリー～育て方・楽しみ方～
日本ブルーベリー協会 編 A5判148頁1429円

エゴマ～つくり方・生かし方～
日本エゴマの会 編 A5判132頁1600円

農的循環社会への道
篠原 孝 著 四六判328頁2000円

炭焼紀行
三宅 岳 著 A5判224頁2800円

農村から
丹野清志 著 A5判336頁2857円

台所と農業をつなぐ
大野和興 編 山形県長井市・レインボープラン推進協議会 著 A5判272頁1905円

雑穀が未来をつくる
国際雑穀食フォーラム 編 A5判280頁2000円

一汁二菜
境野米子 著 A5判128頁1429円

薪割り礼讃
深澤 光 著 A5判216頁2381円

立ち飲み酒
立ち飲み研究会 編 A5判352頁1800円

ワインとミルクで地域おこし～岩手県葛巻町の挑戦～
鈴木重男 著 A5判176頁1905円

すぐにできるオイル缶炭やき術
溝口秀士 著 A5判112頁1238円

病と闘う食事
境野米子 著 A5判224頁1714円

ブルーベリー百科Q&A
日本ブルーベリー協会 編 A5判228頁1905円

焚き火大全
吉長成恭・関根秀樹・中川重年 編 A5判356頁2800円

納豆主義の生き方
斎藤茂太 著 四六判160頁1300円

豆腐屋さんの豆腐料理
山本久仁佳・山本成子 著 A5判96頁1300円

スプラウトレシピ～発芽を食べる育てる～
片岡芙佐子 著 A5判96頁1300円

玄米食 完全マニュアル
境野米子 著 A5判96頁1333円

手づくり石窯BOOK
中川重年 編 A5判152頁1500円

豆屋さんの豆料理
長谷部美野子 著 A5判112頁1300円

雑穀つぶつぶスイート
木幡 恵 著 A5判112頁1400円

三太郎のゆうゆう炭焼塾
炭焼三太郎 著 A5判176頁1600円

不耕起でよみがえる
岩澤信夫 著 A5判276頁2200円

薪のある暮らし方
深澤 光 著 A5判208頁2200円

菜の花エコ革命
藤井絢子・菜の花プロジェクトネットワーク 編著 四六判272頁1600円

手づくりジャム・ジュース・デザート
井上節子 著 A5判96頁1300円

竹の魅力と活用
内村悦三 編 A5判220頁2000円

虫見板で豊かな田んぼへ
宇根 豊 著 A5判180頁1400円

体にやさしい麻の実料理
赤星栄志・水間礼子 著 A5判96頁1400円

すぐにできるドラム缶炭やき術
杉浦銀治・広若剛士 監修 A5判132頁1300円

竹炭・竹酢液 つくり方生かし方
杉浦銀治ほか監修 日本竹炭竹酢液生産者協議会 編 A5判244頁1800円

竹垣デザイン実例集
古河 功 著 A4変型判160頁3800円

タケ・ササ図鑑～種類・特徴・用途～
内村悦三 著 B6判224頁2400円

毎日おいしい 無発酵の雑穀パン
木幡 恵 著 A5判112頁1400円

星かげ凍るとも～農協運動あすへの証言～
島内義行 編著 四六判312頁2200円

里山保全の法制度・政策～循環型の社会システムをめざして～
関東弁護士会連合会 編著 B5判552頁5600円

自然農への道
川口由一 編著 A5判228頁1905円

〝食・農・環境・社会一般〟の本

創森社 〒162-0805 東京都新宿区矢来町96-4
TEL 03-5228-2270 FAX 03-5228-2410
http://www.soshinsha-pub.com
＊表示の本体価格に消費税が加わります

素肌にやさしい手づくり化粧品
境野米子 著　A5判128頁1400円

土の生きものと農業
中村好男 著　A5判108頁1600円

ブルーベリー全書 ～品種・栽培・利用加工～
日本ブルーベリー協会 編　A5判416頁2857円

おいしい にんにく料理
佐野 房 著　A5判96頁1300円

竹・笹のある庭 ～観賞と植栽～
柴田昌三 著　A4変型判160頁3800円

木と森にかかわる仕事
大成浩市 著　四六判208頁1400円

薪割り紀行
深澤 光 著　A5判208頁2200円

協同組合入門 ～その仕組み・取り組み～
河野直践 編著　四六判240頁1400円

自然栽培ひとすじに
木村秋則 著　A5判164頁1600円

紀州備長炭の技と心
玉井又次 著　A5判212頁2000円

一人ひとりのマスコミ
小中陽太郎 著　四六判320頁1800円

育てて楽しむ ブルーベリー12か月
玉田孝人・福田 俊 著　A5判96頁1300円

炭・木竹酢液の用語事典
谷田貝光克 監修　木質炭化学会 編　A5判384頁4000円

園芸福祉入門
日本園芸福祉普及協会 編　A5判228頁1524円

全記録 炭鉱
鎌田 慧 著　四六判368頁1800円

食べ方で地球が変わる ～フードマイレージと食・農・環境～
山下惣一・鈴木宣弘・中田哲也 編著　A5判152頁1600円

割り箸が地域と地球を救う
佐藤敬一・鹿住貴之 著　A5判96頁1000円

ほどほどに食っていける田舎暮らし術
今関知良 著　四六判224頁1400円

山里の食べもの誌
杉浦孝蔵 著　四六判292頁2000円

緑のカーテンの育て方・楽しみ方
緑のカーテン応援団 編著　A5判84頁1000円

育てて楽しむ 雑穀 栽培・加工・利用
郷田和夫 著　A5判120頁1400円

オーガニック・ガーデンのすすめ
曳地トシ・曳地義治 著　A5判96頁1400円

育てて楽しむ ユズ・柑橘 栽培・利用加工
音井 格 著　A5判96頁1400円

バイオ燃料と食・農・環境
加藤信夫 著　A5判256頁2500円

田んぼの営みと恵み
稲垣栄洋 著　A5判140頁1400円

石窯づくり 早わかり
須藤 章 著　A5判108頁1400円

ブドウの根域制限栽培
今井俊治 著　B5判80頁2400円

飼料用米の栽培・利用
小沢 亙・吉田宣夫 編　A5判136頁1800円

農に人あり志あり
岸 康彦 編　A5判344頁2200円

現代に生かす竹資源
内村悦三 監修　A5判220頁2000円

人間復権の食・農・協同
河野直践 著　四六判304頁1800円

反冤罪
鎌田 慧 著　四六判280頁1600円

薪暮らしの愉しみ
深澤 光 著　A5判228頁2200円

農と自然の復興
宇根 豊 著　四六判304頁1600円

田んぼの生きもの誌
稲垣栄洋 著　楢 喜八 絵　A5判236頁1600円

はじめよう！自然農業
趙漢珪 監修　姫野祐子 編　A5判268頁1800円

農の技術を拓く
西尾敏彦 著　四六判288頁1600円

東京シルエット
成田一徹 著　四六判264頁1600円

玉子と土といのちと
菅野芳秀 著　四六判220頁1500円

生きもの豊かな自然耕
岩澤信夫 著　四六判212頁1500円

里山復権～能登からの発信～
中村浩二・嘉田良平 編　A5判228頁1800円

自然農の野菜づくり
川口由一 監修　高橋浩昭 著　A5判236頁1905円